Bernhard Stentenbach

Französische Grammatik
fürs Sprechen

**Einfach – Praktisch – Effektiv
Mit Übungen**

smf

Vorwort

Liebe Leserin, lieber Leser,

die *Französische Grammatik fürs Sprechen* ist für Sie genau das Richtige, wenn Sie sich auf effektive Weise für grammatisch korrektes Sprechen fit machen wollen. Das Buch hat eine völlig neuartige Konzeption. Im Mittelpunkt steht nicht das grammatische Wissen anhand von Regeln, sondern die praktische Anwendung der Grammatik beim Sprechen.

Diese Grammatik ist *einfach*. Sie enthält nur das unbedingt Nötige in einer so genannten Grundgrammatik fürs Sprechen, die durch eine kurze Zusatzgrammatik fürs Sprechen ergänzt wird. Alles, was an Grammatik beim Sprechen keine Rolle spielt, ist im Anhang in einer so genannten Ergänzenden Grammatik für die Schriftsprache aufgeführt. Diese Beschränkung auf das Wichtige und Nützliche ermöglicht ein Erlernen der Grammatik ohne die sonst üblichen Schwierigkeiten.

Diese Grammatik ist *praktisch*. In jedem Kapitel werden die wichtigsten grammatischen Informationen durch einen Rahmen hervorgehoben. Alle französischen Beispiele sind ins Deutsche übersetzt. Die knappen Regeln unterstützen durch ihre einprägsame Formulierung den Langzeiteffekt des Lernens und führen hierdurch zu einer noch praktischeren Anwendung.

Diese Grammatik ist *effektiv*. Alle französischen Beispielsätze sind aufgrund ihres sprachlichen Nutzens für die aktive Kommunikation ausgewählt. Darüber hinaus enthält jedes Kapitel nach der Präsentation der grammatischen Erscheinungen eine kurze Zusammenstellung von typischen Wendungen und kurzen Sätzen, die sich beim Sprechen leicht anwenden lassen. Diese Verzahnung von Grammatik und Wortschatz garantiert ein effizienteres, da vernetztes, Lernen.

Es ist eine Grammatik *mit Übungen*, in denen Sie die Beherrschung der wichtigsten grammatischen Erscheinungen testen können. Auch bei diesem Sprachtraining steht die kommunikative Ausrichtung im Mittelpunkt, d.h. die Sätze sind prinzipiell so ausgewählt, dass sie bei Gesprächen über aktuelles Leben mühelos und spontan Verwendung finden können.

Ich bin überzeugt, dass Ihnen die *Französische Grammatik fürs Sprechen* ein wertvoller Begleiter auf Ihrem Weg zu einer souveränen Beherrschung der französischen Sprache sein wird.

Ihr

Bernhard Stentenbach

Abkürzungen:

Adj.	Adjektiv
Adv.	Adverb
dt.	deutsch
f.	*féminin*
Fem.	Femininum
frz.	französisch
m.	*masculin*
Mask.	Maskulinum
p.c	*passé composé*
Pers.	Person
Pl.	Plural
Präs.	Präsens
qc	*quelque chose*
qn	*quelqu'un*
Sg.	Singular
Sing.	Singular
subj.	*subjonctif*

Inhalt

Anhang   98

Ergänzende Grammatik für die Schriftsprache   99

Register   117

Teil 1

Grundgrammatik fürs Sprechen

1 Der Artikel

1.1 Der bestimmte Artikel

	Singular			Plural
Mask.	le restaurant	(das Restaurant)	→	les restaurants
	l'hôtel	(das Hotel)	→	les‿hôtels
Fem.	la rue	(die Straße)	→	les rues
	l'église	(die Kirche)	→	les‿églises

▶   F/D   Im Französischen gibt es kein Neutrum.

▶   Alle bestimmten Artikel im Singular *le / la / l'* haben den gleichen Plural *les*.

▶   Vor Vokal oder stummem *h* werden *le* und *la* zu *l'* *(m./f.)*.

▶   Vor Vokal oder stummem *h* wird *les* in der Aussprache gebunden.

Besonderheiten des Artikels

Vous **aimez la** musique classique?	*Mögen Sie klassische Musik.*

▶   Bei *aimer* steht immer der bestimmte Artikel *le / la / les*.

Vous avez **la** télévision digitale?	*Haben Sie digitales Fernsehen?*
J'écoute souvent **la** radio.	*Ich höre oft Radio.*
Vous avez regardé **la** télé?	*Haben Sie Fernsehen geguckt?*

▶   F/D   Im Französischen steht der bestimmte Artikel, im Deutschen steht kein Artikel.

J'ai faim. / J'ai soif.	*Ich habe Hunger. / Ich habe Durst.*
J'ai peur.	*Ich habe Angst.*
Vous avez raison.	*Sie haben Recht.*

▶   F/D   Im Französischen und im Deutschen steht kein Artikel.

1.2 Das Substantiv im Plural

le restaurant	(das Restaurant)	→	les restaurants
la rue	(die Straße)	→	les rues
l'hôtel	(das Hotel)	→	les hôtels

▶   Im Plural wird die Endung *-s* angehängt, die jedoch nicht ausgesprochen wird.

! Spezialfall

le journal	*(die Zeitung)*	→	les journaux
le travail	*(die Arbeit)*	→	les travaux
le bureau	*(das Büro)*	→	les bureaux
le jeu	*(das Spiel)*	→	les jeux

▶ -al → **-aux**
  -ail → **-aux**
  -eau → **-eaux**
  -eu → **-eux**

! Spezialfall

le pays	*(das Land)*	→	les pays
le prix	*(der Preis)*	→	les prix

▶ -s → **-s**
  -x → **-x**

1.3 Der unbestimmte Artikel

	Singular			Plural	
Mask.	**un** timbre	*(eine Briefmarke)*	→	**des** timbres	*(Briefmarken)*
Fem.	**une** photo	*(ein Foto)*	→	**des** photos	*(Fotos)*

▶ **F/D** Der unbestimmte Artikel im Plural ist *des* (für Maskulinum und Femininum). Im Deutschen steht kein Artikel.
J'ai acheté **des** oranges *(f.).*   *Ich habe Orangen gekauft.*

▶ Entsprechung von bestimmtem Artikel und unbestimmtem Artikel:
  le – **un**
  la – **une**
  les – **des**

Übung 1

Setzen Sie die Wörter in den Plural.

la photo	_____	le travail	_____
le journal	_____	l'hôtel	_____
le prix	_____	la rue	_____
l'église	_____	le pays	_____

1.4 Der Teilungsartikel

> Je bois **du** vin *(m.)*, **de la** bière *(f.)* et **de** l'eau minérale *(f)*.
> *Ich trinke Wein, Bier und Mineralwasser.*
>
> ► | **F/D** | Im Deutschen gibt es keinen Teilungsartikel.
> ► Der Teilungsartikel lautet: **du** *(m.)*, **de la** *(f.)*, **de l'** *(m./f.)*.
> ► Der Teilungsartikel drückt eine unbestimmte Menge aus.

Anwendung beim Sprechen

une tranche de pain avec **du** beurre *(m.)* et **de la** confiture *(f.)*	*eine Scheibe Brot mit Butter und Marmelade*
écouter **de la** musique *(f.)*	*Musik hören*
faire **de la** banque en ligne *(f.)*	*Online-Banking machen*
faire **du** sport *(m.)*	*Sport treiben*
faire **du** tennis *(m.)*	*Tennis spielen*
avoir **des** problèmes *(m.)*	*Probleme haben*
avoir **de la** chance	*Glück haben*
avoir **de la** fièvre	*Fieber haben*
Il y a **du** vent *(m.)*.	*Es windet.*

1.5 Mengenangaben

une tasse de café	*eine Tasse Kaffee*
un verre d'eau	*ein Glas Wasser*
deux litres *(m.)* **de** lait	*zwei Liter Milch*
une bouteille de bière	*eine Flasche Bier*
un kilo de pommes	*ein Kilo Äpfel*
beaucoup d'argent	*viel Geld*
un peu de lait	*etwas Milch*
peu de gens	*wenig Leute*
très peu d'argent	*sehr wenig Geld*

► Nach Mengenangaben, d.h. Ausdrücken, die eine bestimmte Menge bezeichnen: *une tasse / deux litres / beaucoup* usw. steht nur **de** (vor Vokal **d'**) + Nomen. Es steht kein Artikel.

Übung 2

*Entscheiden Sie, ob **le, la, les, un, une, des, du, de l', de la, de** oder nichts einzusetzen ist.*

1. J'écoute souvent _____ musique.

2. Je mange _____ tranche _____ pain avec _____ beurre.

3. J'ai _____ soif. Je voudrais[1] _____ bouteille _____ bière.

4. Je bois beaucoup _____ lait.

5. Vous avez écouté _____ radio?

6. J'ai très peu _____ argent.

7. Vous faites _____ sport? – J'ai fais _____ tennis.

8. Vous avez _____ problèmes?

[1] *ich möchte*

1.6 Der zusammengezogene Artikel mit *à* und *de*

Je vais **au** cinéma *(m.)*.	*Ich gehe ins Kino.*
Je travaille à la poste.	*Ich arbeite bei der Post.*
Je vais **aux** sports d'hiver *(m.)*.	*Ich fahre in den Wintersport.*
Je viens **du** supermarché *(m.)*.	*Ich komme vom Supermarkt.*
Je viens de la poste.	*Ich komme von der Post.*
Voici l'horaire **des** bus *(m.)*.	*Hier ist der Busfahrplan.*

▶ à + le → **au**   de + le → **du**
  à + les → **aux**   de + les → **des**

Zwischen den Präpositionen *à* und *de* und den Artikeln *le* und *les* gibt es eine Verschmelzung.

Anwendung beim Sprechen

jouer **au** tennis *(m.)*	*Tennis spielen*
aller **au** collège *(m.)*	*aufs Gymnasium gehen*
jouer **aux** jeux *(m.)* vidéo	*Computerspiele spielen*
sortir **du** bureau *(m.)*	*das Büro verlassen*
rentrer **du** travail *(m.)*	*von der Arbeit heimkommen*
à la fin **des** vacances *(f.)*	*am Ende der Ferien*
la qualité **des** produits *(m.)* bio	*die Qualität der Bioprodukte*

2 Das Präsens

2.1 Die Verben auf *-er*

Endungen:		
-er		**chercher** *(suchen)*
-e	je	cherch**e**
-es	tu	cherch**es**
-e	il/elle/on	cherch**e**
-ons	nous	cherch**ons**
-ez	vous	cherch**ez**
-ent	ils/elles	cherch**ent**

▶ 90 % der französischen Verben enden auf *-er* und sind regelmäßig.

▶ Die Endungen *-e, -es, -e, -ent* sind nicht hörbar.

▶ **é**couter *(zuhören)*: **j'é**coute: je → **j'** (vor Vokal)
habiter *(wohnen)*: **j'h**abite: je → **j'** (vor stummem *h*)
Vor Vokal und stummem *h* wird *je* zu *j'* apostrophiert.

▶ man**g**er *(essen)*: nous man**ge**ons
g wird zu *ge* vor *a* und *o*.

▶ commen**c**er *(anfangen)*: nous commen**ç**ons
c wird zu *ç* vor *a* und *o*.

! Spezialfälle

acheter *(kaufen)*		**répéter** *(wiederholen)*	
j'	ach**è**te	je	rép**è**te
tu	ach**è**tes	tu	rép**è**tes
il/elle/on	ach**è**te	il/elle/on	rép**è**te
nous	achetons	nous	répétons
vous	achetez	vous	répétez
ils/elles	ach**è**tent	ils/elles	rép**è**tent

Weitere gleichartige Verben:
am**e**ner   *(hinbringen)*   préf**é**rer *(lieber haben)*
se l**e**ver   *(aufstehen)*   esp**é**rer *(hoffen)*
se prom**e**ner *(spazieren gehen)*

appeler *(rufen, anrufen)*		payer *(bezahlen)*	
j'	appelle	je	paie
tu	appelles	tu	paies
il/elle/on	appelle	il/elle/on	paie
nous	appelons	nous	payons
vous	appelez	vous	payez
ils/elles	appellent	ils/elles	paient

Weitere gleichartige Verben:

jeter	*(werfen)*	envoyer *(schicken)*
se rappeler	*(sich erinnern)*	appuyer *(drücken)*

Anwendung beim Sprechen

Il **écoute** tout le temps la radio.	*Er hört die ganze Zeit Radio.*
Vous **parlez** anglais?	*Sprechen Sie Englisch?*
Nous **dînons** à huit heures.	*Wir essen um 8 Uhr zu Abend.*
J'**achète** seulement des produits bio.	*Ich kaufe nur Bioprodukte.*
Je **paie** avec ma carte de crédit.	*Ich zahle mit meiner Kreditkarte.*
Je vous **appelle** à quatre heures.	*Ich rufe Sie um 4 Uhr an.*
Je **préfère** rester à la maison.	*Ich bleibe lieber zu Hause.*

2.2 Die Verben auf -*ir* (Typ *finir*)

Endungen:

-ir		finir *(beenden)*
-is	je	fin**is**
-is	tu	fin**is**
-it	il/elle	fin**it**
-issons	nous	fin**issons**
-issez	vous	fin**issez**
-issent	ils/elles	fin**issent**

▶ Ca. 300 Verben bilden die Formen wie *finir*.

Weitere gleichartige Verben:

choisir	*(auswählen)*	réussir	*(Erfolg haben)*
réfléchir	*(überlegen)*	se réunir	*(sich treffen)*

2.3 Unregelmäßige Verben

Die unregelmäßigen Verben enden in der Regel auf *-re*, *-ir* und *-oir*.

Innerhalb der unregelmäßigen Verben gibt es eine Gruppe von Verben auf *-re* (Typ **attendre**), die weitgehend regelmäßig sind.

Endungen:		
-re	**attendre** *(warten)*	
-s	j'	attend**s**
-s	tu	attend**s**
-t	il/elle	attend
-ons	nous	attend**ons**
-ez	vous	attend**ez**
-ent	ils/elles	attend**ent**

▶ Die Endungen *-s, -s, -t* sind nicht hörbar.

▶ Bei der 3. Person Singular fällt die Endung *-t* weg, wenn der Stamm auf *-d* oder *-t* endet *(il attend)*.

Gleichartige Verben auf *-re:*

entend**re** *(hören)*   rend**re**   *(zurückgeben)*
perd**re**   *(verlieren)*   descend**re** *(hinuntergehen)*
vend**re**   *(verkaufen)*

Einige Verben auf *-ir* (Typ **partir**) sind ein wenig unregelmäßig. Sie haben im Singular eine Stammverkürzung.

Endungen:		
-ir	**partir** *(weggehen)*	
-s	je	par**s**
-s	tu	par**s**
-t	il/elle	par**t**
-ons	nous	part**ons**
-ez	vous	part**ez**
-ent	ils/elles	part**ent**

▶ Die Endungen *-s, -s, -t* sind nicht hörbar.

Gleichartige Verben auf *-ir:*

sort**ir** *(hinausgehen)*   serv**ir**   *(dienen)*
dorm**ir** *(schlafen)*   se sent**ir** *(sich fühlen)*

Anwendung beim Sprechen

Vous **finissez** votre travail?	*Sind Sie mit Ihrer Arbeit fertig?*
Je vous **attends** dehors.	*Ich warte draußen auf Sie.*
Ma mère **entend** très mal.	*Meine Mutter hört sehr schlecht.*
Je ne **pars** pas en vacances.	*Ich fahre nicht in Ferien.*
Nous ne **sortons** pas souvent.	*Wir gehen nicht oft aus.*
Je ne **dors** pas bien.	*Ich schlafe nicht gut.*

Übung 3

Setzen Sie die fehlenden Formen des Präsens und des Infinitivs ein.

Infinitiv:

habiter:	j'_____	nous _____	ils _____
_____	tu _____	elle *finit* _____	vous _____
sortir:	je _____	vous _____	elles _____
acheter:	j'_____	nous _____	ils _____
_____	il _____	vous _____	elles *paient* _____
_____	j'_____	nous *appelons* _____	ils _____
choisir:	tu _____	vous _____	elles _____
_____	j'_____	vous _____	ils *attendent* _____

Übung 4

Ergänzen Sie die Sätze mit der entsprechenden Präsensform der in Klammern angegebenen Verben.

1. Vous _____ français? (parler)

2. Je ne _____ pas souvent. (sortir)

3. Nous ne _____ pas en vacances. (partir)

4. J'_____ très mal. (entendre)

5. Vous _____? (descendre)

6. Ma mère ne _____ pas bien. (dormir)

7. Je _____ avec ma carte de crédit. (payer)

8. J'_____ des bananes et des oranges. (acheter)

Weitere unregelmäßige Verben

aller *(gehen, fahren)*		**faire** *(machen)*	
je	**vais**	je	fais
tu	**vas**	tu	fais
il/elle	**va**	il/elle	fait
nous	allons	nous	**faisons**
vous	allez	vous	**faites !**
ils/elles	**vont**	ils/elles	**font**

prendre *(nehmen)*		**mettre** *(legen, stellen)*	
je	**prends**	je	**mets**
tu	prend**s**	tu	met**s**
il/elle	pren**d**	il/elle	met
nous	**prenons**	nous	mett**ons**
vous	pren**ez**	vous	mettez
ils/elles	**prennent**	ils/elles	mett**ent**

avoir *(haben)*		**être** *(sein)*	
j'	**ai**	je	**suis**
tu	**as**	tu	**es**
il/elle	**a**	il/elle	**est**
nous	avons	nous	**sommes**
vous	avez	vous	**êtes !**
ils/elles	**ont**	ils/elles	**sont**

! Verwechseln Sie nicht: ils **sont** *(sie sind)* – ils‿**ont** *(sie haben)*

Beachten Sie: ils **sont** (être)   ils **font** (faire)
                ils‿**ont** (avoir)   ils **vont** (aller)

▶ Die wichtigsten unregelmäßigen Verben sind am Ende des Buches zusammengestellt.

Anwendung beim Sprechen

Où **allez**-vous?	*Wohin gehen/fahren Sie?*
Je **vais** à mon travail en bus.	*Ich fahre mit dem Bus zur Arbeit.*
Je **fais** du tennis.	*Ich spiele Tennis.*
Vous **faites** du ski?	*Laufen Sie Ski?*
Quel âge **as**-tu?	*Wie alt bist du?*
J'**ai** 30 ans.	*Ich bin 30 Jahre alt.*
J'**ai** la grippe.	*Ich habe Grippe.*
Je **suis** malade.	*Ich bin krank.*
Vous **êtes** Français/e?	*Sind Sie Franzose/Französin?*
Vous **prenez** du café ou du thé?	*Nehmen Sie Kaffee oder Tee?*

2.4 Die reflexiven Verben

se dépêcher *(sich beeilen)*			s'intéresser *(sich interessieren)*		
je	me	dépêche	je	m'	intéresse
tu	te	dépêches	tu	t'	intéresses
il/elle	se	dépêche	il/elle	s'	intéresse
nous	nous	dépêchons	nous	nous	intéressons
vous	vous	dépêchez	vous	vous	intéressez
ils/elles	se	dépêchent	ils/elles	s'	intéressent

► Vor Vokal und stummem *h* werden *me/te/se* zu *m'/t'/s'*.

► F/D Manche Verben, die im Französischen reflexiv sind, sind im Deutschen nicht reflexiv.

Weitere reflexive Verben:

s'amuser	*(sich amüsieren)*	se lever	*(aufstehen)*
s'arrêter	*(stehen bleiben)*	s'occuper	*(sich kümmern)*
se coucher	*(zu Bett gehen)*	se sentir	*(sich fühlen)*
s'habituer	*(sich gewöhnen)*	se blesser	*(sich verletzen)*

Anwendung beim Sprechen

Je **me lève** à six heures.	*Ich stehe um 6 Uhr auf.*
Nous **nous couchons** tard.	*Wir gehen spät ins Bett.*
Je **me sens** très bien aujourd'hui.	*Ich fühle mich heute sehr wohl.*
On **s'habitue** à tout.	*Man gewöhnt sich an alles.*
Ma sœur **s'intéresse** beaucoup à la musique.	*Meine Schwester interessiert sich sehr für Musik.*

Übung 5

Setzen Sie die entsprechende Verbform ein.

1. Où _____-tu? – Je _____ au cinéma. (aller)

2. Vous _____ du tennis? – Je _____ du football. (faire)

3. Vous _____ au sport? (s'intéresser)

4. Tu _____ du café? – Non, je _____ du thé. (prendre)

5. Je ne _____ pas bien. (se sentir)

6. Vous _____ malade? (être). Vous _____ la grippe? (avoir)

7. Nous _____ à six heures. (se lever)

8. Quel âge _____ -vous? – J'_____ 25 ans. (avoir)

3 Die Verneinung

3.1 Die Verneinung beim Präsens

Je **ne** fume **pas**.	*Ich rauche nicht.*
Je **n'**ai **pas** faim.	*Ich habe keinen Hunger.*
Il **ne** travaille **plus**.	*Er arbeitet nicht mehr.*
Je **ne** comprends **rien**.	*Ich verstehe nichts.*
Je **ne** connais **personne**.	*Ich kenne niemanden.*
Elle **ne** me téléphone **jamais**.	*Sie ruft mich nie an.*

▶ Die Verneinung besteht aus zwei Elementen:

ne … pas *(nicht)*	**ne … rien** *(nichts)*
ne … plus *(nicht mehr)*	**ne … personne** *(niemand)*
ne … pas encore *(noch nicht)*	**ne … jamais** *(nie)*

▶ Die beiden Elemente der Negation umschließen das konjugierte Verb und eventuelle Pronomen:
Elle **ne** se sent **pas** bien. *(Sie fühlt sich nicht wohl.)*

▶ Vor Vokal und stummum *h* wird *ne* zu *n'*:
Ce **n'**est **pas** vrai. *(Das stimmt nicht.)*
Je **n'**habite **pas** loin d'ici. *(Ich wohne nicht weit von hier.)*

! Die verneinte Form von *c'est* lautet *ce n'est pas*:
C'est vrai. *(Das ist richtig. / Das stimmt.)*
Ce n'est pas vrai. *(Das ist nicht richtig. / Das stimmt nicht.)*

3.2 Die Verneinung beim Verb + Infinitiv

Je **ne** peux **pas** venir demain.	*Ich kann morgen nicht kommen.*
Il **ne** veut **pas** m'aider.	*Er will mir nicht helfen.*
Je **ne** peux **rien** faire.	*Ich kann nichts tun.*

▶ Die beiden Elemente der Negation umschließen die konjugierte Verbform / das Hilfsverb.

3.3 Die Verneinung beim passé composé

Je **n'**ai **pas** regardé la télé.	*Ich habe nicht ferngesehen.*
Je **ne** suis **pas** parti/e en vacances.	*Ich bin nicht in Urlaub gefahren.*
Je **n'**ai **rien** entendu.	*Ich habe nichts gehört.*
Je **n'**ai vu **personne**.	*Ich habe niemanden gesehen.*

▶ Beim passé composé umschließen die beiden Elemente der Negation (*ne ... pas / ne ... rien /* usw.) die konjugierte Verbform.

❗ **Spezialfall**
Bei *ne ... personne* steht *personne* immer **nach** dem **participe passé**.

3.4 *rien ne ... / personne ne ...* als Subjekt

Rien n'a changé.	*Es hat sich nichts geändert.*
Personne n'est venu.	*Es ist niemand gekommen.*

❗ Ist *rien* und *personne* Subjekt des Satzes, stehen beide Negationselemente in umgekehrter Reihefolge zusammen vor der konjugierten Verbform (**rien ne ...***/ **personne ne ...**).

3.5 *ne ... pas de*

A: Vous avez **un** vélo?	*A: Haben Sie ein Fahrrad?*
B: Non, je n'ai **pas de** vélo.	*B: Nein, ich habe **kein** Fahrrad.*
A: Vous prenez encore **du** thé?	*A: Nehmen Sie noch Tee?*
B: Non, je ne prends **plus de** thé.	*B: Nein, ich nehme **keinen** Tee **mehr**.*
A: Vous avez **des** enfants?	*A: Haben Sie Kinder?*
B: Non, je n'ai **pas d'**enfants.	*B: Nein, ich habe **keine** Kinder.*
A: Est-ce que votre fils a trouvé **une** place d'apprenti?	*A: Hat Ihr Sohn einen Ausbildungsplatz gefunden?*
B: Non, il n'a **pas** trouvé **de** place d'apprenti.	*B: Nein, er hat **keinen** Ausbildungsplatz gefunden.*

▶ bejaht: verneint:
un/une   →   ne ... **pas de**
du/de la/de l'/des →   ne ... **pas de**
Die Verneinung des unbestimmten Artikels *(un/une)* und des Teilungsartikels *(du/de la/de l'/des)* lautet *ne ... pas de*.

▶ ne ... **pas de**   =   *kein/keine*
ne ... **plus de**   =   *kein/keine mehr*

3 Die Verneinung

3.6 Die Verneinung ohne Verb

A: Vous aimez le poisson?	A: *Mögen Sie Fisch?*
B: Non, **pas** tellement.	B: *Nein, **nicht** besonders.*
A: Vous êtes déjà allé/e en Italie?	A: *Waren Sie schon in Italien?*
B: Non, **pas encore**.	B: *Nein, **noch nicht**.*
A: Qu'est-ce qu'il vous a dit?	A: *Was hat er Ihnen gesagt?*
B: **Rien**.	B: *Nichts.*
A: Qui vous a dit ça?	A: *Wer hat Ihnen das gesagt?*
B: **Personne**.	B: *Niemand.*

▶ In Sätzen ohne Verb steht das zweite Negationselement *(pas/ pas encore/rien/personne)* allein, d.h. *ne* fällt weg.

Anwendung beim Sprechen

Je **ne** comprends **pas**.	*Das verstehe ich nicht.*
Elle **ne** veut **pas** avoir **d'**enfants.	*Sie will keine Kinder.*
Je **n'**ai **pas encore** fini.	*Ich bin noch nicht fertig.*
Il **n'**a **pas encore** trouvé **d'**emploi.	*Er hat noch keine Arbeitsstelle gefunden.*
Ça **ne** fait **rien**.	*Das macht nichts.*
Il **n'**y a **rien** à faire.	*Da kann man nichts machen.*
Je **n'**ai **personne** pour garder mes enfants.	*Ich habe niemanden, um auf meine Kinder aufzupassen.*
Il **ne** vient **jamais** à l'heure.	*Er kommt nie pünktlich.*

Übung 6

Geben Sie eine verneinte Antwort auf die Fragen.

Vous fumez? – **Non, je ne fume pas.**

1. Vous êtes malade?   Non, _____

2. Vous entendez quelque chose[1]? Non, _____

3. Vous avez des enfants?   Non, _____

4. Vous avez vu quelqu'un[2]?   Non, _____

5. Vous êtes déjà allé à Rome?   Non, _____

6. Vous faites du sport?   Non, _____

7. Vous pouvez[3] venir demain?   Non, _____

[1] *etwas*   [2] *jemanden*   [3] *Sie können*

Übung 7

Sie berichten a) von sich selbst, b) von Christine.
*Bilden Sie Sätze. Ergänzen Sie die fehlenden Wörter **au, de, d', la**.*

Je – aller – pas – bureau.   →   Je **ne vais** pas **au** bureau.

a)

1. Je – avoir – pas – faim. _____

2. Je – se sentir – pas bien. _____

3. Je – avoir – grippe. _____

4. Je – être – malade. _____

5. Je – aller – pas – cinéma. _____

b)

1. Christine – être – à la maison[1]. _____

2. Elle – se sentir – pas bien. _____

3. Elle – manger – rien. _____

4. Elle – regarder – pas – télé. _____

5. Elle – faire – pas – musique. _____

6. Elle – pouvoir[2] – pas – travailler. _____

7. Elle – avoir – pas – emploi[3]. _____

[1] *zu Hause*   [2] *können*   [3] un emploi: *eine Arbeitsstelle*

4 Der Aussagesatz

(1) Die Wortstellung

Mon frère a donné les photos à son ami. (1)	*Mein Bruder hat die Fotos seinem Freund gegeben.*
Aujourd'hui, je vais au sauna. (2)	*Ich gehe heute in die Sauna.*
Je suis arrivé hier soir. (3)	*Ich bin gestern Abend angekommen.*
En général, je me lève à sept heures. (4)	*Ich stehe im Allgemeinen um 7 Uhr auf.*
La semaine prochaine, je vais en Angleterre.(5)	*Ich fahre nächste Woche nach England.*

▶ Die regelmäßige Wortstellung im Aussagesatz ist:
Subjekt *(Mon frère)* – **Verb** *(a donné)* – **direktes Objekt** *(les photos)* – **à-Objekt** *(à son ami)*. (Satz 1)

▶ **Ortsangaben** und **Zeitangaben** können am **Anfang** oder am **Ende** des Satzes stehen. (Satz 2, 3, 4)

▶ Kommt in einem Satz eine Zeitangabe und eine Ortsangabe vor, so steht in der Regel die Zeitangabe am Satzanfang und die Ortsangabe am Satzende. (Satz 5)

(2) Die Hervorhebung von Satzteilen

C'est mon mari **qui** fait la cuisine.(1)	*Kochen, das macht mein Mann.*
C'est vous **qui** avez fait ça? (2)	*Haben **Sie** das gemacht?*
C'est son comportement **que** je ne comprends pas. (3)	*Das ist sein/ihr Verhalten, das ich nicht verstehe.*
C'est à ma sœur **que** j'ai donné les CD, pas à mon frère. (4)	*Ich habe die CDs meiner Schwester gegeben, nicht meinem Bruder.*
C'est la première fois **que** je vais en Italie. (5)	*Es ist das erste Mal, dass ich nach Italien fahre.*

▶ Das **Subjekt** wird hervorgehoben durch *c'est ... qui*. (Satz 1, 2)

! ☐F/D☐ Die Hervorhebung des Subjektpronomens:
Im Deutschen wird das Subjektpronomen betont: *Haben **Sie** das gemacht?* (Satz 2)
Im Französischen wird das Subjektpronomen durch *c'est ... qui* hervorgehoben: *C'est **vous** qui **avez** fait ça?* (Satz 2)
Dabei richtet sich das Verb nach der betonten Person: *vous ... avez*.

▶ Alle **anderen Satzteile**, außer dem Verb, werden durch *c'est ... que* hervorgehoben. (Satz 3, 4, 5)
Bei präpositionalen Ausdrücken (z.B. *à ma sœur*) wird auch die Präposition von *c'est ... que* eingeschlossen. (Satz 4)

5 Der Fragesatz

5.1 Die Entscheidungsfrage (Frage ohne Fragewort)

Vous êtes malade? – **Oui.**	*Sind Sie krank? – Ja.*
Vous fumez? – **Non.**	*Rauchen Sie? – Nein.*

▶ Die **Entscheidungsfrage** hat **kein Fragewort**. Die Antwort ist *oui* oder *non*.

Im Französischen gibt es drei Möglichkeiten, eine Frage zu formulieren. Den Satz „*Haben Sie digitales Fernsehen?*" kann man wie folgt ausdrücken:

Vous avez la télévision digitale?	**(1) Intonationsfrage**
Est-ce que vous avez la télévision digitale?	**(2)** *Est-ce que* **- Frage**
Avez-vous la télévision digitale?	**(3) Inversionsfrage**

▶ Die **Intonationsfrage** (1) hat die Form eines **Aussagesatzes**. Die Satzmelodie (Intonation) steigt zum Satzende hin an. Die Intonationsfrage kommt hauptsächlich in der **gesprochenen Sprache** vor.

▶ Bei der *Est-ce que* – **Frage** (2) ist die Wortstellung wie im Aussagesatz. Diese Frageform gehört sowohl der **gesprochenen** als auch der **geschriebenen Sprache** an.

▶ Bei der **Inversionsfrage** (3) tritt das Subjektpronomen hinter das Verb und wird mit einem Bindestrich angeschlossen. Diese Frageform gehört vor allem der **Schriftsprache** an.

5.2 Die Ergänzungsfrage (Frage mit Fragewort)

C'est **combien**?	*Wie viel kostet das?*
A quelle heure est-ce que vous partez?	*Um wie viel Uhr fahren Sie?*
Où allez-vous?	*Wohin gehen Sie?*

▶ Die Ergänzungsfrage wird immer mit einem Fragewort gebildet.

Bei der Ergänzungsfrage unterscheidet man drei Frageformen.

(1) *est-ce que* – Frage

Où est-ce que vous allez?	*Wohin gehen Sie?*
A quelle heure est-ce que vous partez?	*Um wie viel Uhr fahren Sie?*
Quand est-ce que vous rentrez?	*Wann kommen Sie zurück?*

▶ Bei der *est-ce que* – Frage ist die Wortstellung:
  Fragewort + *est-ce que* + Aussageform.

(2) Frage mit nachgestelltem Fragewort

Vous allez **où**?	*Wohin gehen Sie?*
Vous partez **à quelle heure**?	*Um wie viel Uhr fahren Sie?*
C'est **combien**?	*Wie viel kostet das?*

▶ Die Frage mit nachgestelltem Fragewort ist die häufigste Frageform
  in der gesprochenen Sprache.

(3) Inversionsfrage

Quelle heure **est-il**?	*Wie viel Uhr ist es?*
Comment **allez-vous**?	*Wie geht es Ihnen?*
Où **voulez-vous** aller?	*Wohin wollen Sie fahren?*
Quel temps **fait-il**?	*Wie ist das Wetter?*
Quel âge **a-t-il**?	*Wie alt ist er?*
Comment **va-t-elle**?	*Wie geht es ihr?*

▶ Die Inversionsfrage gehört überwiegend der Schriftsprache an.
  In der gesprochenen Sprache wird die Inversionsfrage nur in
  bestimmten Ausdrücken verwendet, vor allem bei den Verben
  être, avoir, faire, aller, vouloir.

▶ Endet das Verb auf Vokal, so wird bei *il/elle/on* zwischen Verb und
  Subjektpronomen ein **-t-** eingeschoben:
  *Quel âge a-**t**-il? Comment va-**t**- elle?*

Übung 8

Setzen Sie die fehlenden Fragewörter ein.

_____*Où*_____ allez-vous?	- A Marseille.
1. _____ est-ce que vous partez?	- A 16h30.
2. _____ est-il?	- Il est 9h10.

3. _____ est-ce que vous rentrez?   - Demain.

4. _____ est-ce que vous logez[1]?   - A l'hôtel.

5. C'est _____ ?   - 80 EUR.

6. _____ allez-vous?   - Très bien, merci[2].

7. _____ a votre fille?   - 18 ans.

8. _____ fait-il à Marseille?   - Pas très beau[3].

[1] _wohnen_   [2] _sehr gut, danke_   [3] _nicht sehr schön_

5.3 Die Frage nach Personen und Sachen

(1) Frage nach Personen

Qui a fait ça?	_Wer hat das getan?_
Qui est-ce que vous avez vu?	_Wen haben Sie gesehen?_
Avec qui est-ce que vous avez fait ce voyage?	_Mit wem haben Sie diese Reise gemacht?_
De qui est-ce que vous parlez?	_Von wem sprechen Sie?_
A qui est-ce que vous avez dit ça?	_Wem haben Sie das gesagt?_

▶ Subjekt: **qui**   _wer?_
    direktes Objekt: **qui est-ce que**   _wen?_
    Präposition + _qui_: **avec qui**   _mit wem?_
                        de qui   _von wem?_
                        à qui   _wem?_

(2) Frage nach Sachen

Qu'est-ce qui s'est passé?	_Was ist passiert?_
Qu'est-ce que vous avez vu?	_Was haben Sie gesehen?_
Que voulez-vous?	_Was wollen Sie?_
De quoi est-ce que vous parlez?	_Wovon sprechen Sie?_
A quoi pensez-vous?	_Woran denken Sie?_

▶ Subjekt: **qu'est-ce qui**   _was?_
    direktes Objekt: **qu'est-ce que**   _was?_
                        que (+ Inversion)   _was?_
    Präposition + _quoi_: **de quoi**   _wovon?_
                        à quoi   _woran?_

5 Der Fragesatz

Anwendung beim Sprechen

Est-ce que cette place est libre?	*Ist dieser Platz frei?*
Je peux vous aider?	*Kann ich Ihnen helfen?*
Pourriez-vous répéter, s'il vous plaît?	*Könnten Sie bitte noch einmal wiederholen?*
Qu'est-ce que c'est?	*Was ist das?*
Qu'en pensez-vous?	*Was meien Sie dazu?*
Qui vous a dit ça?	*Woher wissen Sie das?*
Où se trouvent les toilettes?	*Wo befindet sich die Toilette?*
Où est-ce que je peux garer ma voiture?	*Wo kann ich meinen Wagen parken?*
La poste ouvre **à quelle heure**?	*Wann öffnet die Post?*
Ça coûte **combien**?	*Wie teuer ist das?*

Übung 9

Sie stellen Ihrem Kollegen einige Fragen nach Personen und Sachen. Was sagen Sie?

Sie fragen ihn:

1. *von wem er spricht.* <u>De qui est-ce que</u> vous parlez?

2. *wer das getan hat.* _____ a fait ça?

3. *was er gesehen hat.* _____ vous avez vu?

4. *was passiert ist.* _____ s'est passé?

5. *wer ihm das gesagt hat.* _____ vous a dit ça?

6. *wovon er spricht.* _____ vous parlez?

7. *wen er angerufen hat.* _____ vous avez appelé?

8. *mit wem er arbeitet.* _____ vous travaillez?

Übung 10

Sich an einem fremden Ort zurechtfinden. Welche Fragen stellen Sie?

1. Sie suchen einen freien Platz. _____

2. Sie suchen die Toilette. _____

3. Sie fragen nach dem Preis. _____

4. Sie haben nicht verstanden. _____

5. Sie fragen nach einer Parkmöglichkeit. _____

6 Die Vergangenheit

6.1 Das passé composé

Qu'est-ce que vous **avez mangé**?	*Was haben Sie gegessen?*
Ma fille **est partie** en vacances.	*Meine Tochter ist in Urlaub gefahren.*

▶ Das **passé composé** wird dem dem Präsens von *avoir* oder *être* und dem participe passé gebildet.

(1) Das passé composé mit *avoir*

réparer *(reparieren)*

j'	**ai**	réparé		
tu	**as**	réparé		
il/elle	**a**	réparé		
nous	**avons**	réparé	fin**ir**	→ j'ai fin**i**
vous	**avez**	réparé	attend**re**	→ j'ai attend**u**
ils/elles	**ont**	réparé	**voir**	→ j'ai v**u**

▶ Verben auf   *-er*   →   participe passé auf   *-é*
          -ir   →   *-i*
          -re   →   *-u*
         -oir   →   *-u*

Unregelmäßige Verben

avoir	→ j'ai **eu**	lire	→ j'ai **lu**
être	→ j'**ai** **été**	boire	→ j'ai **bu**
faire	→ j'ai **fait**	croire	→ j'ai **cru**
prendre	→ j'ai **pris**	pouvoir	→ j'ai **pu**
mettre	→ j'ai **mis**	vouloir	→ j'ai **voulu**
dire	→ j'ai **dit**	il pleut	→ il a **plu**
écrire	→ j'ai **écrit**	ça me plaît	→ ça m'a **plu**
ouvrir	→ j'ai **ouvert**		
offrir	→ j'ai **offert**		

!   **F/D**   Im Unterschied zum Deutschen bildet das Verb *être* das **passé composé** mit *avoir*.

A: Où est-ce que vous **avez été** samedi dernier?	*A: Wo sind Sie letzten Samstag gewesen?*
B: J'**ai été** malade.	*B: Ich war krank.*

Die Verneinung

Je **n'**ai **rien** entendu.	*Ich habe nichts gehört.*
Je **ne** l'ai **pas** vu(e).	*Ich habe ihn/sie nicht gesehen.*

▶ Die beiden Elemente der Negation (*ne ... pas / ne ... rien / usw.*) umschließen die konjugierte Verbform und das Objektpronomen.

Die Veränderlichkeit des passé composé mit *avoir*

Ma fille a achet**é** sa voiture à crédit.	*Meine Tochter hat ihr Auto auf Kredit gekauft.*
Aber:	
A: Où sont les revues *(f.)* **que** j'ai achet**ées**?	*A: Wo sind die Zeitschriften, die ich gekauft habe?*
B: Je ne **les** ai pas vu**es**.	*B: Ich habe sie nicht gesehen.*

▶ Beim passé composé mit *avoir* wird das **participe passé** in der Regel **nicht verändert**.

▶ Das participe passé wird nur dann verändert, wenn dem Verb ein direktes Objekt (z.B. *que, la, les*) vorangeht.

(2) Das passé composé mit *être*

aller *(gehen)*			se blesser *(sich verletzen)*			
je	**suis**	allé(e)	je	**me**	**suis**	blessé(e)
tu	**es**	allé(e)	tu	**t'**	**es**	blessé(e)
il	**est**	allé	il	**s'**	**est**	blessé
elle	**est**	allée	elle	**s'**	**est**	blessée
nous	**sommes**	allé(e)s	nous	**nous**	**sommes**	blessé(e)s
vous	**êtes**	allé(e,s,es)	vous	**vous**	**êtes**	bessé(e,s,es)
ils	**sont**	allés	ils	**se**	**sont**	blessés
elles	**sont**	allées	elles	**se**	**sont**	blessées

▶ Die **Verben** der **Bewegungsrichtung** bilden das passé composé mit *être*. Hierzu gehören:

aller	*(gehen)*	**monter**	*(hinaufgehen)*
venir	*(kommen)*	**descendre**	*(hinuntergehen)*
arriver	*(ankommen)*	**rentrer**	*(zurückkommen)*
partir	*(weggehen)*	**revenir**	*(zurückkommen)*
entrer	*(hineingehen)*	**retourner**	*(zurückkehren)*
sortir	*(hinausgehen)*	**rester** *(bleiben)* **tomber** *(fallen)*	

▶ Auch die **reflexiven Verben** bilden das passé composé mit *être*. Eine Liste der reflexiven Verben findet sich auf S. 17.

Die Verneinung

Je **ne** suis **pas** allé(e) au cinéma.	*Ich war nicht im Kino.*
Je **ne** me suis **pas** blessé(e).	*Ich habe mich nicht verletzt.*

▶ Die beiden Elemente der Negation umschließen die konjugierte Verbform und das Reflexivpronomen.

Die Veränderlichkeit des passé composé mit *être*

Elle est all**ée** à Londres.   *Sie ist nach London gefahren.*
Nous **nous** sommes bien amus**é(e)s**. *Wir haben uns gut amüsiert.*

▶ Beim passé composé mit *être* richtet sich das **participe passé** nach dem **Subjekt**.

▶ Bei den **reflexiven Verben** richtet sich das **participe passé** nach dem **Reflexivpronomen**, wenn dieses das direkte Objekt ist. Dies ist in der Regel der Fall.

Übung 11

*Setzen Sie die angegebenen Verben in die passende Perfektform. Achten Sie auf das richtige Hilfsverb (**avoir** oder **être**).*

1. J'_____ ma voiture à crédit. (acheter)

2. Elle _____ en bus. (partir)

3. *(A M. Ax:)* Quand est-ce que vous _____ ? (rentrer)

4. Vous _____ la télé? (regarder)

5. *(A Karin:)* Tu _____ ? (se blesser)

6. Vous _____ de la chance[1]. (avoir)

7. Mes parents _____ un voyage en Amérique. (faire)

8. Vous _____ malade? (être)

9. *(Caroline:)* Je _____ à six heures. (se lever)

10. Tu _____ le journal? (lire)

11. Qu'est-ce qu'elles _____ ? (dire)

12. *(A Mme Brun:)* Vous _____ à quelle heure? (arriver)

[1] *Glück*

29

6.2 Das imparfait

(1) Die Bildung des imparfait

vouloir *(wollen)*

nous voul**ons**	→	je	voul**ais**	nous	voul**ions**
(1. Pers. Pl. Präs.)		tu	voul**ais**	vous	voul**iez**
		il/elle	voul**ait**	ils/elles	voul**aient**

▶ Bildung des imparfait:
  – Bilden Sie zunächst die 1. Person Plural Präsens des Verbs.
  – Lassen Sie die Endung *-ons* weg und fügen Sie die imparfait-
    Endungen *-ais, -ais, -ait, -ions, -iez, -aient* an.

Das imparfait weiterer Verben

	1. Pers. Pl. Präs.	→	*imparfait*
acheter:	nous achet**ons**	→	j'achet**ais**
attendre:	nous attend**ons**	→	j'attend**ais**
finir:	nous finiss**ons**	→	je finiss**ais**
prendre:	nous pren**ons**	→	je pren**ais**
faire:	nous fais**ons**	→	je fais**ais**
avoir:	nous av**ons**	→	j'av**ais**

▶ imparfait von *être*:

	j'	**étais**	nous	**étions**
	tu	**étais**	vous	**étiez**
	il/elle	**était**	ils/elles	**étaient**

▶ Unterscheiden Sie:

	Präsens:	*imparfait:*
	nous voul**ons**	nous voul**ions**
	vous voul**ez**	vous voul**iez**

(2) imparfait oder passé composé?

Wann steht das imparfait und wann das passe composé?

imparfait	**passé composé**
Schilderung der **Begleitumstände**	*Abfolge von* **Handlungen**
Frage: Was war (schon)?	*Frage:* Was geschah (dann)?
Il **faisait** assez froid.	*Was war schon die ganze Zeit?* *Es war ziemlich kalt.*
Nous **sommes partis** à sept heures.	*Was geschah?* *Wir sind um 7 Uhr losgefahren.*

Nous **avons pris** l'autoroute à partir de Cologne.	*Was geschah dann?* Wir haben ab Köln die Autobahn genommen.
Sur l'autoroute, **il y avait** beaucoup de circulation.	*Was war schon die ganze Zeit?* Es war viel Verkehr auf der Autobahn.
Près de Valenciennes, nous **avons fait** un petite halte.	*Was geschah?* Bei Valenciennes haben wir eine kurze Pause gemacht.
Puis, nous **avons rencontré** un jeune Belge.	*Was geschah dann?* Dann haben wir einen Belgier getroffen.
Il **faisait** du stop. Il **voulait** aller à Paris.	*Was war schon die ganze Zeit?* Er fuhr per Anhalter. Er wollte nach Paris.
Nous l'**avons emmené**.	*Was geschah dann?* Wir haben ihn mitgenommen.

▶ Das **imparfait** schildert den **Hintergrund** einer Handlung, d.h. die **Begleitumstände**. Diese sind nicht abgeschlossen und zeitlich nicht begrenzt:
– Beschreibung eines Zustandes,
– Beschreibung einer Person,
– Beschreibung einer nicht begrenzten Wiederholung einer Handlung.

▶ Das **passé composé** gibt den **Vordergrund** einer **Handlungskette** wieder. Die Handlungen sind zeitlich begrenzt und abgeschlossen. Das passé composé drückt aus:
– eine einmalige Handlung,
– eine neu einsetzende Handlung,
– aufeinander folgende Handlungen.

▶ Das passé composé steht insbesondere nach folgenden Wörtern: **d'abord** (zunächst), **puis/ensuite** (dann, darauf), **après** (danach), **enfin** (schließlich), **à ce moment-là** (in diesem Augenblick).

Anwendung beim Sprechen

J'**ai eu** de la chance.	Ich habe Glück gehabt.
Elle **a eu** un bébé.	Sie hat ein Baby bekommen.
Ça m'**a fait** très plaisir.	Ich habe mich sehr darüber gefreut.
Ça m'**a** beaucoup **plu**.	Das hat mir gut gefallen.
Je n'**ai** pas **compris**.	Ich habe nicht verstanden.
C'**était** très bien.	Das war sehr schön.
Ça, je ne **savais** pas.	Das wusste ich nicht.

31

6.3 Das plus-que-parfait

dire *(sagen)*			**partir** *(fortgehen, abfahren)*		
j'	**avais**	dit	j'	**étais**	parti**(e)**
tu	**avais**	dit	tu	**étais**	parti**(e)**
il/elle	**avait**	dit	il/elle	**était**	parti**(e)**
nous	**avions**	dit	nous	**étions**	parti**(e)s**
vous	**aviez**	dit	vous	**étiez**	parti**(e,s,es)**
ils/elles	**avaient**	dit	ils/elles	**étaient**	parti**(e)s**

▶ Das plus-que-parfait wird gebildet aus dem **imparfait** von *avoir* bzw. *être* und dem participe passé des Verbs.

▶ Für die Wahl von *avoir* bzw. *être* und für die Veränderlichkeit des participe passé gelten die gleichen Regeln wie beim passé composé, d.h. die Verben der Bewegungsrichtung sowie die reflexiven Verben bilden bilden das plus-que-parfait mit *être*.
Reflexive Verben: **se blesser**: je **m'étais** bless**é(e)**, usw.

J'**avais** déjà **essayé** ce matin de vous appeler.	*Ich hatte heute Morgen schon ein Mal versucht, Sie anzurufen.*
Je croyais qu'il/elle **était parti(e)**.	*Ich dachte, er/sie wäre verreist.*

▶ Das plus-que-parfait steht für ein Ereignis, das vor einem anderen Ereignis in der Vergangenheit liegt.

Übung 12

Passé composé oder imparfait? Setzen Sie die richtige Verbform ein.

Un voyage en Bretagne. M. Pelletier raconte.

1. Nous _____ le 17 avril. (partir)

2. Nous _____ la voiture. (prendre)

3. Ce jour-là[1], il _____ assez froid. (faire)

4. _____ peu de circulation sur l'autoroute. (il y a)

5. Notre hôtel _____ très bien. (être)

6. A Rennes, j'_____ un petit accident. (avoir)

7. Je _____ . (tomber) Je _____ au bras[2]. (se blesser)

8. Ce n'_____ pas grave[3]. (être)

9. Nous _____ le 2 mai. (rentrer)

[1] *an diesem Tag*   [2] *Arm*   [3] *schlimm*

7 Das Futur

7.1 Das futur composé

Je	**vais**	**travailler** demain.	*Ich werde morgen arbeiten.*
Tu	**vas**	**partir** ce soir?	*Fährst du heute Abend?*
Il/Elle	**va**	m'**aider**.	*Er/Sie wird mir helfen.*
Nous	**allons**	vous **informer**.	*Wir werden Sie informieren.*
Vous	**allez**	**partir** maintenant?	*Gehen Sie jetzt?*
Ils/Elles	**vont**	**rentrer** samedi.	*Sie kommen Samstag zurück.*

▶ Das futur composé wird gebildet aus dem **Präsens** von *aller* und dem **Infinitiv** des Verbs.

▶ Das **futur composé** bezeichnet die **nahe Zukunft** (*maintenant, ce soir, demain, samedi*). Es gehört vorwiegend der gesprochenen Sprache an.

▶ Im Deutschen wird das futur composé oft durch das Präsens wiedergegeben.

Je **ne** vais **pas** sortir ce soir.	*Ich gehe heute Abend nicht aus.*

▶ Bei der Verneinung umschließen die beiden Negationselemente die konjugierte Form von *aller*, d.h. das Negationselement *pas* steht vor dem folgenden Infinitiv.

Übung 13

Setzen Sie die entsprechende Form des futur composé ein.

1. Qu'est-ce que vous _____ maintenant? (faire)

2. Je _____ la télé. (regarder)

3. Nous _____ trois jours à Paris. (rester)

4. Ma fille _____ des études de médecine. (faire)

5. Je ne _____ pas _____ ce soir. (sortir)

6. Quand est-ce que tu _____? (partir)

7. Mes parents _____ chez nous ce week-end. (venir)

8. On _____ au cinéma ce soir. (aller)

9. Vous _____ demain? (travailler)

10. Je _____ vous _____ ce soir. (informer)

7.2 Das futur simple (Futur I)

(1) Die Bildung des futur simple

Das futur simple der Verben auf *-er*

trouver *(finden)*

je trouve	→	je	trouve**rai**
(1. Pers. Sing. Präs.)		tu	trouve**ras**
		il/elle	trouve**ra**
		nous	trouve**rons**
		vous	trouve**rez**
		ils/elles	trouve**ront**

▶ Bildung des futur simple der **Verben auf *-er***:
  – Bilden Sie zunächst die **1. Person Singular Präsens** des Verbs.
  – Hängen Sie an diese Verbform folgende Endungen an:
    ***-rai, -ras, -ra, -rons, -rez, -ront*.**

! **Spezialfälle**

acheter:	j'ach**è**te	→	j'ach**è**te**rai**
appeler:	j'appe**ll**e	→	j'appe**ll**e**rai**
jeter:	je je**tt**e	→	je je**tt**e**rai**
payer:	je pa**i**e	→	je pa**i**e**rai**
espérer:	j'esp**é**re	→	j'esp**é**re**rai** !

Das futur simple der übrigen Verben

prendre *(nehmen)*

prend**re**	→	je	prend**rai**	nous	prend**rons**
(Ableitung vom Infinitiv)		tu	prend**ras**	vous	prend**rez**
		il/elle	prend**ra**	ils/elles	prend**ront**

▶ Bei den **übrigen Verben** (Verben auf *-re, -ir, -oir*) wird das futur simple vom **Infinitiv** abgeleitet.
  – Nehmen Sie zunächst den Infinitiv des Verbs.
  – Das *-r-* am Ende des Infinitivs ist zugleich das *-r-* der Futur-Endungen ***-rai, -ras, -ra, -rons, -rez, -ront*.**

Unregelmäßige Verben

avoir	→	j'**aurai**	voir	→	je **verrai**
être	→	je **serai**	envoyer	→	j'**enverrai**
faire	→	je **ferai**	devoir	→	je **devrai**
aller	→	j'**irai**	savoir	→	je **saurai**
venir	→	je **viendrai**	il faut	→	il **faudra**
pouvoir	→	je **pourrai**	il pleut	→	il **pleuvra**
vouloir	→	je **voudrai**			

(2) Der Gebrauch des futur simple

Je vous **téléphonerai** demain.	*Ich rufe Sie morgen an.*
L'année prochaine, j'**irai** à Rome.	*Nächstes Jahr fahre ich nach Rom.*
Je lui **parlerai** quand je **serai** de retour.	*Ich spreche mit ihm/ihr, wenn ich wieder zurück bin.*
Je ne sais pas à quelle heure le train **arrivera**.	*Ich weiß nicht, wann der Zug ankommt.*
J'espère qu'il/elle **trouvera** bientôt un nouvel emploi.	*Ich hoffe, dass er/sie bald einen neuen Arbeitsplatz findet.*

▶ Das **futur simple** bezeichnet die **fernere Zukunft** (*bientôt, la semaine prochaine, l'année prochaine*).
Es steht bei zukünftigen Vorgängen im Nebensatz mit *quand* sowie nach dem Verb *espérer*.

▶ **F/D** Im Deutschen steht bei zukünftigen Vorgängen häufig das Präsens. Im Französischen muss dagegen in diesen Fällen immer das futur simple stehen.

Anwendung beim Sprechen

Je **ferai** un stage au mois d'avril.	*Ich mache im April ein Praktikum.*
Nous **partirons** en vacances début juillet.	*Wir fahren Anfang Juli in Urlaub.*
Je **serai** en vacances du 2 au 16 juillet.	*Ich bin vom 2.– 16. Juli in Urlaub.*
A partir de demain, je **ferai** davantage de sport.	*Ab morgen mache ich mehr Sport.*
Quand j'**aurai** le temps, je **viendrai**.	*Wenn ich Zeit habe, komme ich.*

⇒ Zum **futur antérieur (Futur II)** siehe Seite 102.

Übung 14

Setzen Sie die entsprechende Form des futur simple ein.

1. Qu'est-ce que vous _____ ce week-end? (faire)

2. Vous _____ avec nous? (venir)

3. Nous _____ à Chartres. (aller)

4. J'espère que vous _____ venir. (pouvoir)

5. Nous _____ à huit heures. (partir)

6. Nous _____ de retour dimanche soir. (être)

7. L'année prochaine, j'_____ à Londres. (aller)

8. Je _____ un stage dans une banque. (faire)

9. J'espère que tout _____ bien. (aller)

10.. Quand j'_____ assez d'argent (avoir),

 je m'_____ une nouvelle voiture. (acheter)

8 Das conditionnel présent (Konditional I)

(1) Die Bildung des conditionnel présent

Das contionnel présent wird genauso abgeleitet wie das futur simple.

Das conditionnel présent der Verben auf -er

trouver: **je trouve**	→	je	trouve**rais**	*ich würde finden*
(1. Pers. Sing. Präs.)		tu	trouve**rais**	
		il/elle	trouve**rait**	
		nous	trouve**rions**	
		vous	trouve**riez**	
		ils/elles	trouve**raient**	

▶ Bildung des conditionnel présent der **Verben auf -er**:
  – Bilden Sie zunächst die **1. Person Singular Präsens** des Verbs.
  – Hängen Sie an diese Verbform folgende Endungen an:
    -rais, -rais, -rait, -rions, -riez, -raient.

! **Spezialfälle**

acheter:	j'ach**è**te	→	j'ach**è**te**rais**	*ich würde kaufen*
appeler:	j'appe**ll**e	→	j'appe**ll**e**rais**	*ich würde anrufen*
payer:	je pa**i**e	→	je pa**i**e**rais**	*ich würde bezahlen*
esp**é**rer:	j'esp**è**re	→	j'esp**é**re**rais** !	*ich würde hoffen*

Das conditionnel présent der übrigen Verben

prend**re**	→	je	prend**rais**	*ich würde nehmen*
(Ableitung vom Infinitiv)		tu	prend**rais**	
		il/elle	prend**rait**	
		nous	prend**rions**	
		vous	prend**riez**	
		ils/elles	prend**raient**	

▶ Bei den **übrigen Verben** (Verben auf *-re, -ir, -oir*) wird das
  conditionnel présent vom **Infinitiv** abgeleitet.
  – Nehmen Sie zunächst den Infinitiv des Verbs.
  – Das *-r-* am Ende des Infinitivs ist zugleich das *-r-* der Endungen
    des conditionnel: *-rais, -rais, -rait, -rions, -riez, -raient.*

Unregelmäßige Verben		
avoir	→ j'**aurais**	*ich hätte*
être	→ je **serais**	*ich wäre*
faire	→ je **ferais**	*ich würde machen*
aller	→ j'**irais**	*ich würde gehen/fahren*
venir	→ je **viendrais**	*ich würde kommen*
pouvoir	→ je **pourrais**	*ich könnte*
vouloir	→ je **voudrais**	*ich möchte*
voir	→ je **verrais**	*ich würde sehen*
envoyer	→ j'**enverrais**	*ich würde schicken*
devoir	→ je **devrais**	*ich sollte*
il faut	→ il **faudrait**	*man müsste*
il pleut	→ il **pleuvrait**	*es würde regnen*

(2) Der Gebrauch des conditionnel présent

1. Moi, à votre place, je **chercherais** un nouvel emploi. | *Ich an Ihrer Stelle würde mir eine neue Arbeitsstelle suchen.*
   Comme ça, vous **auriez** moins de problèmes. | *Dann hätten Sie weniger Probleme.*
2. Vous **pourriez** aussi mettre une annonce sur Internet. | *Sie könnten auch eine Anzeige im Internet schalten.*
3. Moi, j'**aimerais** bien travailler à l'étranger. | *Ich würde gerne im Ausland arbeiten.*
4. **Pourriez**-vous me donner votre adresse? | *Könnten Sie mir Ihre Adresse geben?*

▶ Das conditionnel présent drückt aus:
  1. eine Möglichkeit oder Annahme,
  2. einen Vorschlag,
  3. einen Wunsch,
  4. eine höfliche Bitte.

Si j'avais de l'argent, je **partirais** en vacances. *(si-Satz)* | *Wenn ich Geld hätte, würde ich in Urlaub fahren..*
Elle m'a dit qu'elle **rentrerait** après-demain. *(indirekte Rede)* | *Sie hat mir gesagt, sie würde übermorgen zurückkommen.*

▶ Das Konditional I steht auch im *si*-**Satz** (siehe Kap. 9) sowie in der **indirekten Rede** (siehe Kap. 10).

Anwendung beim Sprechen

Pourriez-vous m'aider, s'il vous laît? *Könnten Sie mir bitte helfen?*
J'**aimerais** avoir un renseignement. *Ich hätte gerne eine Auskunft.*
J'**aimerais bien** vous inviter. *Ich möchte Sie gerne einladen.*
Nous **pourrions** aller dîner *Wir könnten gemeinsam zu*
ensemble. *Abend essen.*
J'**aimerais mieux** prendre le bus. *Ich würde lieber mit dem Bus fahren.*

⇨ Zum **conditionnel passé (Konditional II)** siehe Seite 91.

Übung 15

Übersetzen Sie die Sätze.

1. *Könnten Sie mir helfen?*

   Pourriez-vous m'aider?

2. *Könnten Sie mir Ihre Adresse geben?*

   _____

3. *Ich an Ihrer Stelle würde mir ein neues Auto kaufen.*

   _____

4. *Man müsste mehr Geld* (plus d'argent) *haben.*

   _____

5. *Ich würde gerne in Urlaub fahren.*

   _____

6. *Ich würde lieber zu Hause bleiben.*

   _____

7. *Ich hätte gerne eine Auskunft.*

   _____

8. *Ich an Ihrer Stelle wäre ganz zufrieden* (bien content/e).

   _____

9 Der Bedingungssatz (*si*-Satz)

Man unterscheidet drei Arten von *si*-**Sätzen**.

1. Die Möglichkeit der Erfüllung der Bedingung.
2. Die Unwahrscheinlichkeit der Erfüllung der Bedingung.
3. Die Unmöglichkeit der Erfüllung der Bedingung.

(1) Die Möglichkeit

Si vous **êtes** d'accord, je **passerai** chez vous.	*Wenn Sie einverstanden sind, komme ich bei Ihnen vorbei.*
Si c'**est** comme ça, on ne **peut** rien faire.	*Wenn das so ist, dann kann man nichts machen.*

▶ *si* + présent — Hauptsatz: **futur** (oder **présent**)

F/D **Hinweise**

▶ Für „*wenn*" kann im Französischen **si** oder **quand** stehen.
 wenn (= *falls*)   –   **si**   (Bedingungssatz)
 wenn (= *dann, wenn*) – **quand** (Temporalsatz)

Si j'ai le temps, je viendrai demain soir.	*Wenn (= Falls) ich Zeit habe, komme ich morgen Abend.*
Quand je rentre de mon travail, je suis fatigué/e.	*Wenn (= Dann, wenn) ich von der Arbeit heimkomme, bin ich müde.*

▶ Unterscheiden Sie:
 Nach **si** = *wenn* steht **nie** das **Futur**.
 Nach **si** = *ob* (indirekte Frage) kann jedoch das **Futur** stehen.

Je ne sais pas **s'**il / **si** elle me **téléphonera**.	*Ich weiß nicht, **ob** er/sie mich anrufen wird.*

(2) Die Unwahrscheinlichkeit

Qu'est-ce que vous **feriez** **si** vous **perdiez** votre emploi?	*Was würden Sie machen, wenn Sie Ihren Arbeitsplatz verlieren würden?*
Si j'**avais** plus de temps, je **pourrais** m'occuper davantage de mes enfants.	*Wenn ich mehr Zeit hätte, könnte ich mich mehr um meine Kinder kümmern.*

! *si* + imparfait — Hauptsatz: **conditionnel présent**

▶ | F/D | Im *si*-Satz steht **kein conditionnel.**

(dt.:) **Wenn er / Wenn sie** mehr **arbeiten würde**, würde er/sie mehr verdienen.

(frz.:) **S'il / Si elle travaillait** plus, il/elle gagnerait plus d'argent.

▶ Beachten Sie:
Vor *il* und *ils* wird *si* zu *s'*: *s'il* ..., *s'ils* ...
Aber: *si elle* ..., *si elles* ...

▶ | F/D | Unterscheiden Sie:

*„ich **würde"*** usw. (+ Verb) wird im Französischen immer durch das **conditionnel** des Verbs ausgedrückt.

ich **würde** arbeiten = je travaille**rais**
Aber:

*„**je voudrais"*** (+ Infinitiv) heißt im Deutschen *„**ich möchte"*** (+ Verb)
je voudrais travailler = *ich möchte arbeiten*

Anwendung beim Sprechen

..., si vous voulez.	*..., wenn Sie wollen.*
..., si c'est possible.	*..., wenn es möglich ist.*
..., si vous êtes d'accord.	*..., wenn Sie einverstanden sind.*
Si j'avais ...	*Wenn ich ... hätte ...*
Si j'étais ...	*Wenn ich ... wäre ...*
Si je pouvais ...	*Wenn ich ... könnte ...*
Si je savais ...	*Wenn ich wüsste ...*

(3) Die Unmöglichkeit

Si j'**avais eu** votre numéro de téléphone, je vous **aurais** tout de suite **appelé/e.**	*Wenn ich Ihre Telefonnummer gehabt hätte, hätte ich Sie sofort angerufen.*
Si je n'**étais** pas **tombé/e** malade, je **serais parti/e** en week-end.	*Wenn ich nicht krank geworden wäre, wäre ich übers Wochenende weggefahren.*

! si + |plus-que-parfait| — Hauptsatz: **conditionnel passé**

⇒ Zum **conditionnel passé (Konditional II)** siehe Seite 91.

Übung 16

Vervollständigen Sie die Sätze.

1. *Wenn Sie einverstanden sind, rufe ich Sie um 4 Uhr an* (appeler).

   _____ , je vous _____ à 4 heures.

2. *Wenn ich Zeit habe, komme* (venir) *ich heute Abend.*

   _____ , je _____ ce *soir*.

3. *Wenn es regnet, bleibe* (rester) *ich zu Hause.*

   _____ , je _____ à la *maison*.

4. *Ich komme morgen bei Ihnen vorbei* (passer), *wenn es möglich ist.*

   Je _____ chez vous demain, _____

Übung 17

Vervollständigen Sie die Sätze.

1. *Wenn ich mehr Zeit hätte, würde ich kommen* (venir).

   _____ plus de temps, je _____ .

2. *Wenn er zu Hause wäre, würde ich ihn anrufen* (appeler).

   _____ à la maison, je l'_____ .

3. *Wenn ich könnte, würde ich Ihnen helfen* (aider).

   _____ , je vous _____ .

4. *Wenn er kommen würde, könnten wir essen gehen.*

   _____ , nous _____ aller au restaurant.

5. *Wenn ich seine Adresse wüsste, würde ich ihm schreiben* (écrire).

   _____ son adresse, je lui _____ .

6. *Wenn sie Geld hätte, könnte sie in Urlaub fahren.*

   _____ de l'argent, elle _____ partir en vacances.

10 Die indirekte Rede

10.1 Die indirekte Rede/Frage in der Gegenwart

(1) Die indirekte Rede

direkte Rede	indirekte Rede
Eric: »Ma sœur est malade.« →	Il dit **que** sa sœur est malade.
»*Meine Schwester ist krank.*«	*Er sagt, seine Schwester sei krank.*

▶ ⬛ F/D ⬛ Im Unterschied zum Deutschen wird im Französischen die indirekte Rede immer mit **que** (= *dass*) eingeleitet.

▶ ⬛ F/D ⬛ Im Deutschen steht in der indirekten Rede meist der Konjunktiv. Im Französischen steht jedoch immer der Indikativ.

(2) Die indirekte Frage

direkte Frage	indirekte Frage
»Corinne est malade?« →	Je ne sais pas **si** elle est malade.
»*Ist Corinne krank?*«	*Ich weiß nicht, ob sie krank ist.*
»**Où** est-ce qu'il va?« →	Je ne sais pas **où** il va.
»*Wohin fährt er?*«	*Ich weiß nicht, wohin er fährt.*
»**Quel âge** a-t-il?« →	Je ne sais pas **quel âge** il a.
»*Wie alt ist er?*«	*Ich weiß nicht, wie alt er ist.*

▶ Bei Fragen ohne Fragewort wird die indirekte Frage mit **si** (= *ob*) eingeleitet.

▶ Bei Fragen mit Fragewort wird auch die indirekte Frage mit dem Fragewort eingeleitet. In der indirekten Frage ist die **Wortstellung** immer: **Fragewort – Subjekt – Verb**. In der indirekten Frage gibt es also kein *est-ce que* und keine Inversion.

direkte Frage	indirekte Frage
»**Qu'est-ce que** tu veux faire?« →	Je me demande **ce que** tu veux faire.
»*Was willst du tun?*«	*Ich frage mich, **was** du tun willst.*
»**Qu'est-ce qui** s'est passé?« →	Je ne sais pas **ce qui** s'est passé.
»*Was ist passiert?*«	*Ich weiß nicht, **was** passiert ist.*

▶ *direkte Frage*   *indirekte Frage*

    Qu'est-ce que ..? „*was?*" (Objekt) → ⬛ **ce que** ⬛ (Objekt)

    Qu'est-ce qui ..? „*was?*" (Subjekt) → ⬛ **ce qui** ⬛ (Subjekt)

10 Die indirekte Rede

▶ Bei der **indirekten Rede/Frage in der Gegenwart** steht im Hauptsatz ein Präsens. Im Nebensatz (indirekte Rede/Frage) stehen **dieselben Zeiten wie** in der **direkten Rede.**

direkte Rede/Frage	indirekte Rede/Frage
Mme Petit: »Je **pars** demain.« »*Ich fahre am Samstag.*«	Elle dit qu'elle **part** samedi. *Sie sagt, sie würde morgen fahren.*
»Elle **est** déjà **partie**?« »*Ist sie schon weggefahren?*«	Je ne sais pas si elle **est** déjà **partie**. *Ich weiß nicht, ob sie schon weggefahren ist.*
»Quand est-ce qu'elle **rentrera**?« »*Wann kommt sie zurück?*«	Je ne sais pas quand elle **rentrera**. *Ich weiß nicht, wann sie zurückkommt.*

Anwendung beim Sprechen

Je crois **qu'**elle a eu un bébé.	*Ich glaube, sie hat ein Baby bekommen.*
Je me demande **pourquoi** il a fait ça.	*Ich weiß nicht, warum er das getan hat.*
Je ne sais pas **si** vous m'avez bien compris/e.	*Ich weiß nicht, ob Sie mich richtig verstanden haben.*
Je ne sais pas **ce que** c'est.	*Ich weiß nicht, was das ist.*
Pouvez-vous m'expliquer **ce qu'**il faut faire?	*Können Sie mir erklären, was ich machen muss?*
Vous savez **ce qui** m'est arrivé?	*Wissen Sie, was mir passiert ist?*

Übung 18

Sie haben keine Ahnung. Beantworten Sie die Fragen mit
Je ne sais pas ....

1. Est-ce que Michel est là?

   Je ne sais pas _____

2. Pourquoi est-ce que Corinne ne vient pas?

   _____

3. Elle est déjà partie?

   _____

4. Quel âge a-t-elle?

_____

5. Qu'est-ce qu'elle fait à Paris?

_____

6. Elle a eu un accident?

_____

7. Qu'est-ce qui s'est passé?

_____

8. Quand est-ce qu'elle rentrera?

_____

10.2 Die indirekte Rede/Frage in der Vergangenheit

Bei der **indirekten Rede/Frage in der Vergangenheit** steht im Hauptsatz
eine Zeit der Vergangenheit (passé composé, imparfait, plus-que-parfait).
In diesem Falle gibt es im **Nebensatz** (indirekte Rede/Frage) eine
Zeitverschiebung.

direkte Rede/Frage	*indirekte Rede/Frage*
(1) »M. Petit: Je **suis** *(présent)* → au chômage.« »*Ich bin arbeitslos.*«	Il m'a dit qu'il **était** *(imparfait)* au chômage. *Er hat mir gesagt, er sei arbeitslos.*
(2) »Vous **avez gagné** → *(passé composé)* au loto?« »*Haben Sie im Lotto gewonnen?*«	Il voulait savoir si j'**avais gagné** *(plus-que-parfait)* au loto. *Er wollte wissen, ob ich im Lotto gewonnen hätte.*
(3) »J'**irai** *(futur simple)* → à l'étranger.« »*Ich werde ins Ausland gehen.*«	Il m'avait déclaré qu'il **irait** *(conditionnel)* à l'étranger. *Er hatte mir geschrieben, dass er ins Auland gehen würde.*

▶ Bei der **indirekten Rede/Frage in der Vergangenheit** ergeben sich
folgende **Zeitverschiebungen:**

direkte Rede/Frage		*indirekte Rede/Frage*
(1) **présent**	→	imparfait
(2) **passé composé**	→	plus-que-parfait
(3) **futur simple**	→	conditionnel

▶ Unterscheiden Sie die drei Gebrauchsarten des conditionnel:
  - das conditionnel in der indirektenRede/Frage,
  - das conditionnel zum Ausdruck einer Annahme, eines Vorschlags,
    eines Wunsches und einer höflichen Bitte (siehe Kap. 8),
  - das conditionnel im *si*-Satz (siehe Kap. 9).

Übung 19

Übersetzen Sie.

1. *Ich habe gemeint, er wäre krank.*

   Je croyais **qu'** _____

2. *Ich dachte, er hätte im Lotto gewonnen.*

   Je pensais _____

3. *Ich habe gehört, sie ist arbeitslos* (être au chômage).

   On m'a dit _____

4. *Sie hat mir gesagt, sie sei zu Hause.*

   Elle m'a dit _____

5. *Ich habe gemeint, sie würde kommen.*

   Je croyais _____

6. *Ich habe gehört, er geht ins Ausland arbeiten.*

   On m'a dit _____

11   Das Adjektiv

11.1   Die Veränderlichkeit des Adjektivs

	Singular	Plural
Mask.	un grand restaurant *ein großes Restaurant*	de grand**s** restaurants *große Restaurants*
Fem.	une grand**e** maison *ein großes Haus*	de grand**es** maisons *große Häuser*
Mask.	Il est grand. *Er ist groß.*	Ils sont grand**s**. *Sie sind groß.*
Fem.	Elle est grand**e**. *Sie ist groß.*	Elles sont grand**es**. *Sie sind groß.*

▶ Das Adjektiv stimmt mit dem zugehörigen Substantiv in Geschlecht (Maskulinum/Femininum) und Zahl (Singular/Plural) überein.

▶ Das Femininum hat die Endung **-e**, das Maskulinum Plural die Endung **-s** und das Femininum Plural die Endung **-es**.

▶ Beim **Maskulinum** Singular und Maskulinum Plural ist der Endkonsonant bzw. der Endkonsonant und das Plural *-s* stumm (*grand/grands*: **-d** bzw. **-ds** sind **stumm**).
Beim **Femininum** Singular und Femininum Plural wird der Endkonsonant gesprochen (*grande/grandes*: **-d** ist **hörbar**).

▶ Beachten Sie:

un hôtel moderne *ein modernes Hotel*	une église moderne *eine moderne Kirche*

Adjektive, die im Maskulinum Singular auf **-e** enden, erhalten im Femininum keine Endung.

un film français *ein französischer Film*	des films français *französische Filme*

Adjektive, die im Maskulinum Singular auf **-s** enden, erhalten im Maskulinum Plural keine Endung.

! **Spezialfälle für das Feminunum**
Bestimmte Adjektive haben eine spezielle feminine Form.

-er	→	**-ère**	premi**er**, pemi**ère**	*erste/r/s*
-el	→	**-elle**	natur**el**, natur**elle**	*natürlich*
-et	→	**-ète**	compl**et**, compl**ète**	*vollständig*
-x	→	**-se**	dangereu**x**, dangereu**se**	*gefährlich*
-f	→	**-ve**	acti**f**, acti**ve**	*aktiv, berufstätig*
-on	→	**-onne**	b**on**, b**onne**	*gut*

47

11 Das Adjektiv

! Spezialfall für die Pluralbildung

Singular   *Plural*
soci**al**, sociale   soci**aux**, sociales   *sozial*

Die Adjektive auf **-al** haben im Maskulinum Plural die Endung **-aux**.

Adjektive mit zwei maskulinen Formen

Maskulinum	*Maskulinum vor Nomen mit Vokal oder h*	*Femininum*
un **beau** jardin	un **bel** hôtel	une **belle** maison
ein schöner Garten	*ein schönes Hotel*	*ein schönes Haus*
un **nouveau** film	un **nouvel** hôtel	une **nouvelle** voiture
ein neuer Film	*ein neues Hotel*	*ein neuer Wagen*
un **vieux** bâtiment	un **vieil** hôtel	une **vieille** église
ein altes Gebäude	*ein altes Hotel*	*eine alte Kirche*

▶ Wird das Adjektiv nachgestellt, erscheint die normale maskuline Form.

Cet hôtel est très **beau**.   *Dieses Hotel ist sehr schön.*
Cet hôtel est **nouveau**.   *Dieses Hotel est neu.*
Cet hôtel est très **vieux**.   *Dieses Hotel ist sehr alt.*

▶ Das Maskulinum Plural von **vieux** hat dieselbe Form wie im Singular.

11.2   Die Stellung des Adjektivs

(1) Nachstellung

une voiture **française**   *ein französisches Auto*
une ville **moderne**   *eine moderne Stadt*
la zone **industrielle**   *das Industriegebiet*

▶ Die meistren Adjektive stehen nach dem Substantiv.

(2) Voranstellung

une **grande** maison   *ein großes Haus*
un **bon** ami   *ein guter Freund*
un **gros** problème   *ein großes Problem*

▶ Vor dem Substantiv stehen folgende kurze, häufig gebrauchte Adjektive:

grand	*groß*	**jeune**	*jung*
petit	*klein*	**vieux**	*alt*
bon	*gut*	**mauvais**	*schlecht*
beau	*schön*	**gros**	*dick, groß, bedeutend*
joli	*hübsch*		

▶ Unterscheiden Sie:

un livre intéressant → **des** livres intéressants *interessante Bücher*
aber:
un **bon** livre   → **de bons** livres   *gute Bücher*
un **gros** problème → **de gros** problèmes *große Probleme*

Beim nachgestellten Adjektiv lautet der unbestimmte Artikel
im Plural *des (des livres intéressants)*.
Beim **vorangestellten Adjektiv** im **Plural** steht in der Regel jedoch *de*
(statt *des*).

(3) Voranstellung oder Nachstellung

Einige Adjektive haben je nach ihrer Stellung eine unterschiedliche
Bedeutung.

le **dernier** film	der **letzte** Film
aber: la semaine **dernière**	**vorige** Woche
une **longue** histoire	eine **lange** *(zeitlich)* Geschichte
aber: une robe **longue**	ein **langes** *(räumlich)* Kleid
cher ami	**lieber** Freund
aber: une robe **chère**	ein **teures** Kleid
mon **ancien** appartement	meine **frühere/ehemalige** Wohnung
aber: un château **ancien**	ein **sehr altes** Schloss
ma **propre** chambre	mein **eigenes** Zimmer
aber: une chambre **propre**	ein **sauberes** Zimmer

Übung 20

*Bilden Sie einen Satz mit den angegebenen Wörtern. Achten Sie auf
die Endung und die Stellung des Adjektivs.*

1. je – avoir – une – voiture – français

_____

2. la voiture – être –déjà– vieux, mais elle– être –très – beau

_____

3. nous – habiter – dans – un – immeuble[1] – vieux

_____

4. notre appartement – être – au – étage – premier

_____

5. nous – être – actif – tous les deux

_____

6. je – travailler – dans – une – profession – dangereux

_____

7. notre – situation *(f.)* – financier – ne pas être – bon

_____

8. la semaine – dernier, mon mari[2] – perdre *(passé composé)* – son emploi[3]

_____

9. je – espérer – que – la – situation – économique – s'améliorer *(futur simple)* – l'année – prochain[4]

_____

10. il y a – beaucoup de – problèmes *(m.)* – social

_____

[1] *Mietshaus*   [2] *mein Mann*   [3] *Arbeitsstelle*   [4] *nächste(r,s)*

11.3   Die Steigerung des Adjektivs

(1) Der Komparativ

plus ... que *mehr ... als*	
Lyon est plus intéressant que Marseille.	*Lyon ist interessanter als Marseille.*
aussi ... que *genauso ... wie*	
Lyon est aussi intéressant que Marseille.	*Lyon ist genauso interessant wie Marseille.*
moins ... que *weniger ... als* = *nicht so ... wie*	
Lyon est moins intéressant que Marseille.	*Lyon ist nicht so interessant wie Marseille.*

▶ Der Komparativ wird gebildet aus:
plus	+ Adjektiv	+ ***que***	(positive Steigerung)
aussi	+ Adjektiv	+ ***que***	(Gleichheit)
moins	+ Adjektiv	+ ***que***	(negative Steigerung)

! **Spezialfälle**

bon, bonne *gut*

Komparativ: **meilleur, meilleure** *besser*
moins bon, moins bonne *schlechter = nicht so gut*

Cet appareil photo numérique est bien meilleur que l'autre.	*Diese Digitalkamera ist viel besser als die andere.*
Ce portable est moins bon que l'autre.	*Dieses Handy ist nicht so gut wie das andere.*

cher, chère *teuer*

Komparativ: **plus cher, plus chère** *teurer*
moins cher, moins chère *billiger = weniger teuer*

Cet appartement est beaucoup plus cher que l'autre.	*Diese Wohnung ist viel teurer als die andere.*
Cet appartement est moins cher que l'autre.	*Diese Wohnung ist billiger als die andere.*

(2) Der Superlativ

le film **le plus** intéressant	*der bekannteste Film*
la voiture **la moins** chère	*das billigste Auto*
les acteurs **les plus** connus	*die bekanntesten Schauspieler*
les voitures **les moins** achetées	*die am wenigsten gekauften Autos*

▶ Der Superlativ wird gebildet aus:
le/la/les plus + Adjektiv (positiv)
le/la/les moins + Adjektiv (negativ)

▶ Steht das Adjektiv nach dem Substantiv *(un film connu)*, so steht auch der Superlativ nach dem Substantiv *(le film le plus connu)*. Dabei wird der bestimmte Artikel des Substantivs bei dem Superlativ wiederholt.

la plus grande ville	*die größte Stadt*
aber auch: **la** ville **la plus grande**	
les plus belles régions	*die schönsten Gebiete*
aber auch: **les** régions **les plus belles**	

▶ Steht das Adjektiv vor dem Substantiv (z.B. *grand, petit, beau, joli, gros, vieux, jeune*), so steht auch der Superlativ vor dem Substantiv *(la plus grande ville)*.
Der Superlativ kann jedoch auch nachgestellt werden *(la ville la plus grande)*.

! Spezialfall

bon, bonne *gut*

Superlativ: **le meilleur, la meilleure**   *der/die/das beste*

le meilleur hôtel   *das beste Hotel*
la meilleure chambre   *das beste Zimmer*

▶ Beachten Sie:

Steigerung von **bon, bonne** *gut*

Komparativ: **meilleur, meilleure**   *besser*
            moins bon, moins bonne *schlechter, nicht so gut*

Superlativ: **le meilleur, la meilleure** *der/die/das beste*

Steigerung von **cher, chère** *teuer*

Komparativ: **plus cher, plus chère**   *teurer*
            moins cher, moins chère *billiger*

Superlativ: **le plus cher, la plus chère**   *der/die/das teuerste*
            le moins cher, la moins chère *der/die/das billigste*

Anwendung beim Sprechen

Le nouveau lave-linge est **beaucoup plus pratique** que l'ancien.	*Die neue Waschmaschine ist viel praktischer als die alte.*
En Français, ma fille est **bien meilleure** que moi.	*Im Französischen ist meine Tochter viel besser als ich.*
Aujourd'hui, le niveau de formation est **moins bon** qu'il y a dix ans.	*Heute ist das Ausbildungsniveau schlechter als vor 10 Jahren.*
Les gens deviennent **de plus en plus âgés**.	*Die Menschen werden immer älter.*
Pour moi, le petit déjeuner est le repas **le plus important**.	*Für mich ist das Frühstück die wichtigste Mahlzeit.*
Quelle est la location de voiture **la moins chère** en France?	*Welches ist die billigste Autovermietung in Frankreich?*

Übung 21

Vervollständigen Sie die Sätze.

1. *Für mich ist Dresden die schönste Stadt Deutschlands.*

   Pour moi, Dresde est _____ d'Allemagne.

2. *Welches sind die interessantesten Museen* (le musée) *von Paris?*

   Quelles sont _____ de Paris?

3. *Der neue Peugeot ist viel besser als der alte.*

   La nouvelle Peugeot est _____ l'ancien.

4. *Dies ist eines der bekanntesten Restaurants von Lyon.*

   C'est un _____ de Lyon.

5. *Dieses Brot schmeckt* (est) *nicht so gut wie das andere.*

   Ce pain _____ l'autre.

Übung 22

Übersetzen Sie.

1. *Die Menschen werden immer älter.*

   _____

2. *Das Ausbildungsniveau wird* (devient) *immer schlechter.*

   _____

3. *Der Verkehr* (la circulation) *wird immer stärker[1].*

   _____

4. *Die Handys werden immer kleiner.*

   _____

[1] *stark:* intense

12 Das Adverb

Il est lent *(Adjektiv)*.	*Er ist langsam.*
Aber:	
Il travaille **lentement** *(Adverb)*.(1)	*Er arbeitet langsam.*
C'est **complètement** *(Adverb)* faux. (2)	*Das ist völlig falsch.*
Elle parle **très** *(Adverb)* lentement. (3)	*Sie spricht sehr langsam.*

▶ Bei *être* steht immer das veränderliche Adjektiv *(lent, lente)*, das sich nach dem Subjekt richtet.
Beim **Verb** steht jedoch immer ein **Adverb** *(lentement)*, das **unveränderlich** ist. (Satz 1)

▶ Das Adverb kann auch ein Adjektiv näher bestimmen (Satz 2), bzw. ein weiteres Adverb ergänzen (Satz 3).

12.1 Das abgeleitete Adverb

Adjektiv			*Adverb*	
Mask.	*Fem.*			
lent	lente	→	**lentement**	*langsam*
complet	complète	→	**complètement**	*völlig*
régulier	régulière	→	**régulièrement**	*regelmäßig*

▶ Das Adverb wird gebildet, indem man an die feminine Form des Adjektivs die Endung **-ment** anhängt.

! Spezialfälle

Adjektiv	*Adverb*	
(1) vrai, vraie	**vraiment**	*wahr, wirklich*
absolu, absolue	**absolument**	*unbedingt*

▶ Endet die maskuline Form eines Adjektivs auf Vokal, wird die Endung -ment an die maskuline Form angehängt.

(2) énorme, énorme	**énormément**	*enorm, sehr viel*
précis, précise	**précisément**	*genau*

▶ Einige Adjektive bilden das Adverb auf **-ément**.

(3) évident, évidente	**évidemment**	*offensichtlich*
suffisant, suffisante	**suffisamment**	*genügend*

▶ Die meisten Adjektive auf -ent oder -ant bilden das Adverb auf **-emment** bzw. **-amment**.

! Beachten Sie:

(gut)	Adj.:	bon, bonne	Il est bon en sport.
			Er ist gut in Sport.
	Adv.:	**bien**	Il nage très **bien**.
			Er schwimmt sehr gut.
(schlecht)	Adj.:	mauvais,e	Ses notes sont mauvaises.
			Seine Noten sind schlecht.
	Adv.:	**mal**	Il travaille **mal**.
			Er arbeitet schlecht
(schnell)	Adj.:	rapide	Elle a une voiture rapide.
			Sie hat ein schnelles Auto.
	Adv.:	**vite**	Elle conduit très **vite**.
			Sie fährt sehr schnell.
	Adv.:	**rapidement**	Elle est **rapidement** rentrée.
			Sie ist schnell zurückgekommen.

Übung 23

Adjektiv oder Adverb? Setzen Sie die passende Form ein.

1. C'est _____ faux. (complet)

2. C'est _____ impossible. (pratique)

3. J'ai _____ dormi. (mauvais)

4. Elle conduit très _____ . (rapide)

5. Ses notes sont très _____ . (mauvais)

6. J'ai _____ mangé. (bon)

7. 10.000 EUR, c'est une somme _____ . (énorme)

8. Il a _____ trouvé un emploi. (facile)

9. Je joue _____ au tennis. (régulier)

10. Il travaille _____ . (énorme)

11. Cet ordinateur est _____ (vrai) de _____

    qualité *(f.)*. (bon) – Oui, c'est _____ .(vrai)

12. J'ai une voiture _____ . (rapide) C'est très

    _____ (pratique) pour aller à mon travail.

12.2 Die einfachen Adverbien

Ça me plaît **beaucoup**. (1)	*Das gefällt mir **sehr**.*
Il fume **beaucoup**. (2)	*Er raucht **viel**.*
Je mange toujours **beaucoup**. (3)	*Ich esse immer **sehr viel**.*
Elle est **très** intelligente. (4)	*Sie ist **sehr** intelligent.*
Je bois **très peu**. (5)	*Ich trinke **sehr wenig**.*
J'ai **trop** mangé.	*Ich habe **zu viel** gegessen.*
Il travaille **trop peu**.	*Er arbeitet **zu wenig**.*
Il ne travaille pas **assez**.	*Er arbeitet nicht **genug**.*

▶ Es gibt im Französischen wie im Deutschen viele einfache Adverbien, die nicht von Adjektiven abgeleitet sind.

▶ Unterscheiden Sie:
beaucoup *(sehr, viel, sehr viel)* steht bei **Verben**. (Sätze 1, 2, 3)
très *(„sehr)* steht vor **Adjektiven** (Satz 4) und **Adverbien** (Satz 5).

▶ | F/D | Beachten Sie:

Sie isst	**viel.**	Elle mange	**beaucoup.**
	sehr viel.		**! beaucoup.**
	zu viel.		**! trop.**
	viel zu viel.		**! beaucoup trop.**
Er arbeitet	**wenig.**	Il travaille	**peu.**
	sehr wenig.		**très peu.**
	zu wenig.		**trop peu.**
	viel zu wenig.		**beaucoup trop peu.**

Anwendung beim Sprechen

C'est **très bien**.	*Das ist **sehr gut**.*
J'ai **très** faim.	*Ich habe einen **riesigen** Hunger.*
Ça m'a **beaucoup** plu.	*Das hat mir **sehr** gefallen.*
Il a **beaucoup** fumé.	*Er hat **viel** geraucht.*
Elle roule **beaucoup trop vite**.	*Sie fährt **viel zu schnell**.*
J'ai **mal** dormi.	*Ich habe **schlecht** geschlafen.*
Je suis **complètement** confus/e.	*Ich bin **völlig** durcheinander.*
C'est **pratiquement** impossible.	*Das ist **praktisch** unmöglich.*
Normalement, je suis chez moi à 20 heures.	***Normalerweise** bin ich um 8 Uhr zu Hause.*

Übung 24

Übersetzen Sie.

1. *Ich arbeite sehr viel.*

2. *Ich habe einen riesigen Durst[1].*

3. *Das hat mir sehr gefallen.*

4. *Ich esse sehr wenig.*

5. *Sie arbeitet viel zu viel.*

6. *Sie ist sehr intelligent.*

7. *Sie spricht sehr gut französisch.*

8. *Ich trinke viel zu wenig.*

9. *Er trinkt viel zu viel.*

10. *Das ist nicht gut.*

[1]*der Durst:* la soif

12.3 Die Stellung des Adverbs

(1) Bei den einfachen Zeiten

Je travaille **beaucoup**.	*Ich arbeite viel.*
Je ne lis pas **régulièrement** le journal.	*Ich lese nicht regelmäßig die Zeitung.*

▶ Bei den einfachen Zeiten (z.B. beim Präsens) steht das Adverb nach dem Verb bzw. nach dem zweiten Negationselement *pas*.

(2) Bei den zusammengesetzten Zeiten

J'ai **beaucoup** travaillé.	*Ich habe viel gearbeitet.*
J'ai **facilement** trouvé ce numéro de téléphone.	*Ich habe die Telefonnummer leicht gefunden.*
Je ne suis pas **souvent** allé/e à l'étranger.	*Ich bin nicht oft im Ausland gewesen.*

▶ Bei den zusammengesetzten Zeiten (z.B. beim passé composé) steht das Adverb meist zwischen der konjugierten Verbform und dem participe passé.
In der verneinten Form steht das Adverb nach dem Negationselement *pas.*

(3) Beim (Hilfs-)Verb + Infinitiv

Je vais **peut-être** partir en week-end	*Ich fahre vielleicht übers Wochenende weg.*
Il veut **toujours** avoir raison.	*Er will immer Recht haben.*

▶ Beim (Hilfs-)Verb + Infinitiv steht das Adverb zwischen Hilfsverb und Infinitiv.

12.4   Die Steigerung des Adverbs

(1) Der Komparativ

▶ Der Komparativ des Adverbs wird genauso gebildet wie der Komparativ des Adjektivs.

plus + Adverb+ *que*	
Il roule **plus vite que** moi.	*Er fährt schneller als ich.*
aussi + Adverb + *que*	
Il roule **aussi vite que** moi.	*Er fährt genauso schnell wie ich.*
moins + Adverb + *que*	
Il roule **moins vite que** moi.	*Er fährt nicht so schnell wie ich. / Er fährt langsamer als ich..*

(2) Der Superlativ

Il/Elle travaille **le plus vite**.	*Er/Sie arbeitet am schnellsten.*
Il/Elle travaille **le moins vite**.	*Er/Sie arbeitet am langsamsten (= am wenigsten schnell).*

▶ Der Superlativ des Adverbs wird mit *le plus / le moins* + Adverb gebildet (ohne Unterscheidung des Geschlechts).

! **Spezialfälle**

		Komparativ		Superlativ	
bien	(gut)	**mieux**	(besser)	**le mieux**	(am besten)
beaucoup	(viel)	**plus**	(mehr)	**le plus**	(am meisten)
peu	(wenig)	**moins**	(weniger)	**le moins**	(am wenigsten)

Elle travaille **aussi bien** que moi.	*Sie arbeitet genauso gut wie ich.*
Elle travaille **mieux** que moi.	*Sie arbeitet besser als ich.*
Elle travaille **le mieux**.	*Sie arbeitet am besten.*
Il mange **autant** que moi.	*Er isst genauso viel wie ich.*
Il mange **plus** que moi.	*Er isst mehr als ich.*
Il mange **le plus**.	*Er isst am meisten.*
Il mange **aussi peu** que moi.	*Er isst genauso wenig wie ich.*
Il mange **moins** que moi.	*Er isst weniger als ich.*
Il mange **le moins**.	*Er isst am wenigsten.*

▶ Unterscheiden Sie:

Adj.:	**bon, bonne**	*gut*
Adv.:	**bien**	*gut*
Adj.:	**meilleur, meilleure**	*besser*
Adv.:	**mieux**	*besser*
Adj.:	**le meilleur, la meilleure**	*der/die/das beste*
Adv.:	**le mieux**	*am besten*

Anwendung beim Sprechen

Il gagne **beaucoup plus** d'argent que moi.	*Er verdient viel mehr (Geld) als ich.*
La violence augmente **de plus en plus**.	*Die Gewalt nimmt immer mehr zu.*
Il y a **de plus en plus** de personnes seules.	*Es gibt immer mehr Singles.*
Il y a **de moins en moins** d'enfants.	*Es gibt immer weniger Kinder.*
L'essence coûte 10 cents **moins cher** que la semaine dernière.	*Das Benzin ist 10 Cent billiger als letzte Woche.*
Je viendrai **le plus vite possible**.	*Ich komme so schnell wie möglich / möglichst schnell.*
Ça va **mieux** maintenant.	*Es geht mir jetzt schon wieder besser.*
J'aime **le mieux** les frites.	*Ich esse am liebsten Pommes frites.*

Übung 25

Vervollständigen Sie die Sätze.

1. *Er arbeitet mehr als ich.*

   Il tavaille _____ moi.

2. *Sie spielt besser Tennis als ich.*

   Elle joue _____ au tennis _____ moi.

3. *Sie isst viel weniger als ich.*

   Elle mange _____ moi.

4. *Er verdient geauso viel wie ich.*

   Il gagne _____ d'argent _____ moi.

5. *Ich höre am liebsten klassische Musik.*

   J'aime _____ la musique classique.

6. *Die Armut nimmt immer mehr zu.*

   La pauvreté augmente _____ .

7. *Ich rufe Sie so schnell wie möglich zurück.*

   Je vous rappellerai _____ .

8. *Das Benzin ist 5 Cent teurer als am Samstag.*

   L'essence coûte 5 cents _____ samedi.

13   Die Possessivbegleiter

	Je cherche	**Tu** cherches	**Il/Elle** cherche
Sg. Mask.	**mon** livre.	**ton** livre?	**son** livre.
Fem.	**ma** photo.	**ta** photo?	**sa** photo.
Pl. Mask.	**mes** livres.	**tes** livres?	**ses** livres.
Fem.	**mes** photos.	**tes** photos?	**ses** photos.

▶ **le** livre *(m.)*   →   **mon/ton/son** livre *(mein/dein/sein)*
 la photo *(f.)*   →   **ma/ta/sa** photo
 les livres *(m.)*   →   **mes/tes/ses** livres
 les photos *(f.)*   →   **mes/tes/ses** photos

! F/D   **son** livre = *sein* Buch / *ihr* Buch
       sa photo = *sein* Foto / *ihr* Foto
Im Unterschied zum Deutschen richten sich *son/sa/ses* nicht nach
dem Geschlecht des Besitzers, sondern nach dem Geschlecht des
Substantivs, bei dem sie stehen.

! Beachten Sie:

une amie → !**mon**‿amie / !**ton**‿amie / !**son**‿amie

une histoire *(eine Geschichte)*   →   !**son**‿histoire

Vor einem femininen Substantiv, das mit Vokal oder stummem *h*
beginnt, steht ***mon/ton/son*** statt *ma/ta/sa*.

	Nous cherchons	**Vous** cherchez	**Ils/Elles** cherchent
Sg. Mask.	**notre** livre.	**votre** livre?	**leur** livre.
Fem.	**notre** photo.	**votre** photo?	**leur** photo.
Pl. Mask.	**nos** livres.	**vos** livres?	**leurs** livres.
Fem.	**nos** photos.	**vos** photos?	**leurs** photos.

▶ **le** livre *(m.)*   →   **notre/votre/leur** livre *(unser/euer/ihr)*
 la photo *(f.)*   →   **notre/votre/leur** photo
 les livres *(m.)*   →   **nos/vos/leurs** livres
 les photos *(f.)*   →   **nos/vos/leurs** photos

▶ *notre (Sg.) – nos (Pl.)* und *votre (Sg.) – vos (Pl.)* haben im
  Maskulinum und Femininum die gleiche Form.

▶ *leur (Sg.) – leurs (Pl.)* haben im Maskulinum und Femininum die
  gleiche Form.

▶ Unterscheiden Sie:
  nous *(= wir)* steht vor einem Verb, ***nos*** *(= unsere)* steht vor einem
  Substantiv.

! Beachten Sie:

Bei **einem Besitzer** *(il/elle)* stehen **son/sa/ses** *(son/sa* vor einem Nomen im Singular, *ses* vor einem Nomen im Plural).

Bei **mehreren Besitzern** *(ils/elles)* stehen **leur/leurs** *(leur* vor einem Nomen im Singular, *leurs* vor einem Nomen im Plural).

Anwendung beim Sprechen

Mon fils *(m.)* a quatre ans.	*Mein Sohn ist vier Jahre alt.*
Ma fille *(f.)* fait **ses** devoirs *(m.)* à l'école.	*Meine Tochter macht ihre Hausaufgaben in der Schule.*
Quel âge a **votre** fille *(f.)*?	*Wie alt ist Ihre Tochter?*
Nous avons peu de contact avec **nos** voisins *(m.)*.	*Wir haben wenig Kontakt mit unseren Nachbarn.*
Les étrangers doivent faire plus pour **leur** intégration *(f.)*.	*Die Ausländer müssen mehr für ihre Integration tun.*
Il faut comprendre **leurs** problèmes *(m.)*.	*Man muss Verständnis für ihre Probleme haben.*

⇒ Zum **Possessivpronomen** siehe Seite 99.

Übung 26

Son, sa, ses, leur, leurs? Ergänzen Sie die Sätze.

1. Ma fille fait _____ études *(f.)* à Hambourg.

2. Elle passera _____ examen *(m.)* en octobre.

3. Voici une photo de mon fils et de _____ amie *(f.)*.

4. Ils passeront _____ bac[1] *(m.)* l'année prochaine.

5. Mon fils a _____ propre voiture *(f.)*.

6. Il me parle souvent de _____ problèmes *(m.)* financiers.

7. Ma sœur a perdu _____ emploi *(m.)* il y a un an.

8. _____ situation *(f.)* financière n'est pas bonne.

9. Elle espère trouver bientôt un emploi dans _____ métier *(m.)*.

10. Beaucoup de gens doivent réduire _____ dépenses[2] *(f.)*.

[1]le bac: *das Abi*   [2]réduire ses dépenses: *seine Ausgaben reduzieren*

14   Die Demonstrativbegleiter

C'est combien, **ce** livre *(m.)*?	*Wie teuer ist dieses Buch?*
Vous aimez **cette** musique *(f.)*?	*Mögen Sie diese Musik?*
Vous connaissez **cet** hôtel *(m.)*?	*Kennen Sie dieses Hotel?*
Ces médicaments *(m.)* sont beaucoup trop chers.	*Diese Medikamente sind viel zu teuer.*
A qui sont **ces** affaires-**là** *(f.)*?	*Wem gehören diese Sachen da?*

►

	Singular		*Plural*
Mask.	**ce** livre	→	**ces** livres
	cet‿hôtel	→	**ces**‿hôtels
Fem.	**cette** photo	→	**!ces** photos

! Im Maskulinum Singular gibt es neben *ce* die Form **cet**.
Diese Form **cet** steht vor Vokal und stummem *h*:
l'appareil *(m.)* → **cet**‿appareil   l'hôtel *(m.)* → **cet**‿hôtel

! Der Plural von **cette** *(f.)* lautet **ces**.

► Beachten Sie die Ähnlichkeit:
le livre – **ce** livre   **les** livres – **ces** livres

► Beachten Sie den Unterschied:
ses livres = *seine/ihre* Bücher   **ces** livres = *diese* Bücher

► **ce** livre-**là** = *dieses Buch da*   **ces** affaires-**là** = *diese Sachen da*
Die hinweisende Bedeutung von **ce/cet/cette/ces** wird verstärkt
durch das Anhängen von **-là** an das Substantiv.

Anwendung beim Sprechen

ce matin *(m.)*	*heute Vormittag*
cet après-midi *(m.)*	*heute Nachmittag*
ce soir *(m.)*	*heute Abend*
cette nuit *(f.)*	*diese Nacht*
cette semaine *(f.)*	*diese Woche*
cette année *(f.)*	*dieses Jahr*
cet été *(m.)*	*diesen Sommer*
en **ce** moment	*im Moment, im Augenblick*
à **ce** moment-**là** *(m.)*	*in diesem Augenblick*

⇒ Zum **Demonstrativpronomen** siehe Seite 90.

15 Die Interrogativbegleiter

Pour aller en ville, je prends **quel** bus?	*Um in die Stadt zu fahren, welchen Bus muss ich da nehmen?*
Pour aller à Dijon, c'est **quelle** direction?	*Nach Dijon, welche Richtung ist das?*
Quels sont les meilleurs portables?	*Welches sind die besten Handys?*
Quelles idées!	*Was für Ideen!*

►		Singular		Plural	
Mask.	**quel** film	→	**quels** films
Fem.	**quelle** photo	→	**quelles** photos

► Das Fragewort *quel* hat die Bedeutung *welche/r/s*.
Es richtet sich in Geschlecht und Zahl nach dem zugehörigen Substantiv.

► *quel* wird auch zum Ausdruck des Erstaunens verwendet
(dt.: *was für ein*).

Anwendung beim Sprechen

Quelle heure est-il?	*Wie viel Uhr ist es?*
Quel âge a votre fils?	*Wie alt ist Ihr Sohn?*
Vous habitez **quelle** rue?	*In welcher Straße wohnen Sie?*
Et à **quel** numéro?	*Und welche Hausnummer?*
Quel est votre numéro de portable?	*Wie ist Ihre Handynummer?*
Quelle est votre adresse e-mail?	*Wie ist Ihre E-Mail-Adresse?*
Le film passe sur **quelle** chaîne?	*Auf welchem Sender läuft der Film?*
Le 7 mai, c'est **quel** jour?	*Der 7. Mai, welcher Tag ist das?*
Quel temps va-t-il faire demain?	*Wie soll das Wetter morgen werden?*
Quelle chaleur!	*Ist das eine Hitze!*

⇒ Zum **Interrogativpronomen** siehe Seite 100.

Übung 27

Ce, cet, cette, ces? Vervollständigen Sie die Sätze.

1. _____ jeux vidéo *(m.)* sont assez brutaux.
2. _____ chaîne hi-fi *(f.)* a déjà 10 ans.
3. _____ appareil *(m.)* a coûté 200 EUR.
4. Combien avez-vous payé _____ lecteur *(m.)* de CD[1]?
5. Vous pouvez garder[2] _____ cassettes *(f.)* vidéo.

[1] le lecteur de CD: *der CD-Player*   [2] garder: *behalten*

Übung 28

Quel, quelle, quels, quelles? Ergänzen Sie die Sätze.

1. Vous habitez _____ rue *(f.)*?
2. Vous habitez à _____ étage *(m.)*?
3. _____ sont les CD *(m.)* que vous avez achetés?
4. _____ est votre numéro *(m.)* de portable?
5. Vous cherchez _____ cassettes vidéo *(f.)*?

16 Der Indefinitbegleiter *tout*

J'ai lu **tout le** livre en une journée.	*Ich habe das ganze Buch in einem Tag gelesen.*
J'ai travaillé pendant **toute la** journée.	*Ich habe den ganzen Tag über gearbeitet.*
On ne peut pas connaître **tous les** gens.	*Man kann nicht alle Leute kennen.*
Je ne peux pas m'occuper de **toutes les** choses.	*Ich kann mich nicht um alle Dinge kümmern.*

▶ Beachten Sie:

Singular:	**tout le, toute la**	*der/die/das ganze*
Plural:	**tous les, toutes les**	*alle*

J'ai dépensé **tout mon** argent.	*Ich habe mein ganzes Geld ausgegeben.*
Qu'est-ce que vous faites de **toutes ces** photos?	*Was machen Sie mit all diesen Fotos?*
On ne peut pas **tout** savoir.	*Man kann nicht alles wissen.*
Je dois **tout** faire **tout seul / toute seule**.	*Ich muss alles ganz allein machen.*

▶ Zwischen *tout/toute/tous/toutes* und dem Substantiv können an Stelle des Artikels *le/la/les* auch die Possessivbegleiter *mon/ton/son* oder die Demonstrativbegleiter *ce/cet/cette/ces* stehen.

▶ *tout* (alleinstehend) hat die Bedeutung *„alles"*.
In Verbindung mit einem Adjektiv wird *tout* mit *„ganz"* übersetzt.

Anwendung beim Sprechen

On ne peut pas **tout** faire en même temps.	*Man kann nicht alles gleichzeitig machen.*
Mes parents habitent **tout** près.	*Meine Eltern wohnen ganz in der Nähe.*
J'ai fait ça **tout** seul / **toute** seule.	*Ich habe das ganz allein gemacht.*
Il passe **toute la** journée devant son ordinateur.	*Er hockt den ganzen Tag vor dem Computer.*
On ne peut pas arrêter à la fois **toutes les** centrales nucléaires.	*Man kann nicht alle Kernkraftwerke gleichzeitig abschalten.*
Qu'est-ce que vous faites de **tous vos** livres?	*Was machen Sie mit Ihren ganzen Büchern?*

17 Die verbundenen Personalpronomen

Das verbundene Personalpronmen wird nur in Verbindung mit einem Verb gebraucht.

17.1 Die Subjektpronomen

Die Subjektpronomen stehen im Satz als Subjekt.

Singular		Plural	
je/j'	*ich*	**nous**	*wir*
tu	*du*	**vous**	*ihr / Sie* (Höflichkeitsform)
il	*er*	**ils**	*sie* (Mask)
elle	*sie*	**elles**	*sie* (Fem.)
on	*man/wir*		

▶ Vor Vokal oder stummem *h* wird *je* zu *j'*:
j'achète *(ich kaufe)*, **j'**habite *(ich wohne)*.

▶ *on* bedeutet *„man"*. In der Umgangssprache steht *on* häufig für *nous („wir")*.

17.2 Die direkten Objektpronomen

Die direkten Objektpronomen stehen für ein direktes Objekt
(Frage: „wen?" oder „was?").
Sie entsprechen im Deutschen dem Akkusativ.

Singular		Plural	
me/m'	*mich*	**nous**	*uns*
te/t'	*dich*	**vous**	*euch/Sie*
le/l'	*ihn*	**les** (Mask.)	*sie*
la/l'	*sie*	**les** (Fem.)	*sie*

Pouvez-vous **m'**emmener?   *Können Sie mich mitnehmen?*
Je ne **le/la** connais pas.   *Ich kenne ihn/sie nicht.*
Je **le** prends.   *Ich nehme ihn.*
    (**le** = le pull   *„den Pulli"*)
Je **vous** invite.   *Ich lade Sie ein.*
Je **les** trouve très sympathiques.   *Ich finde sie sehr sympathisch.*
    (**les** = M. et Mme Berger)
Je **les** trouve **très** belles.   *Ich finde sie sehr schön.*
    (**les** = les photos *(f.)* *„die Fotos"*)

▶ Vor Vokal oder stummem *h* wird *me, te, le, la* zu *m', t', l', l'*.

17.3 Die indirekten Objektpronomen

Die indirekten Objektpronomen stehen für ein indirektes Objekt
(Frage: „wem?"). Sie entsprechen im Deutschen dem Dativ.

Singular		*Plural*	
me/m'	*mir*	**nous**	*uns*
te/t'	*dir*	**vous**	*euch/Ihnen*
lui (Mask.)	*ihm*	**leur** (Mask.)	*ihnen*
lui (Fem.)	*ihr*	**leur** (Fem.)	*ihnen*

Pouvez-vous **me** donner votre
numéro de portable?
(donner qc **à qn**)

Können Sie mir Ihre Handy-
nummer geben?
(jdm etw. geben)

Je vais **vous** expliquer ça.
(expliquer qc **à** qn)

Ich will es Ihnen erklären.
(jdm etw. erklären)

Je ne **lui** ai rien dit.
(= Je n'ai rien dit **à** mon fils /
à ma fille.)
(dire qc **à** qn)

Ich habe ihm/ihr nichts gesagt.
(= Ich habe meinem Sohn /
meiner Tochter nichts gesagt.)
(jdm etw. sagen)

Je **leur** ai téléphoné hier.
(= J'ai téléphoné **à** mes
parents *(m.)* / **à** mes sœurs *(f.)*.)
(téléphoner **à** qn)

Ich habe sie gestern angerufen.
(= Ich habe meine Eltern /
meine Schwestern angerufen.)
(jdn anrufen)

(qn = quelqu'un „jemand"   qc = quelque chose „etwas")

▶ Die indirekten Objektpronomen stehen bei **Verben** mit **à qn**
(= **à** + Person).

▶ F/D Beachten Sie den Unterschied:

téléphoner à qn = *jdn* anrufen   **aider** qn = *jdm* helfen

! Verwechseln Sie nicht:
leur: indirektes Objektpronomen
leur/leurs: Possessivbegleiter (siehe Seite 61).

⇒ Zur Stellung der Objektpronomen siehe Seite 73.

Übung 29

Am Telefon. Setzen Sie das richtige Personalpronomen ein.

1. *Können Sie mir bitte helfen?*

   Pouvez-vous _____ aider, s'il vous plaît?

2. *Kann ich sie (= Mme Bobet) einmal kurz sprechen?*

   Est-ce que je peux _____ parler pour une minute? (parler à qn)

3. *Ich kann sie nicht erreichen.*

   Je ne peux pas _____ joindre.

4. *Ich danke Ihnen.*

   Je _____ remercie. (remercier qn)

5. *Könnte er (= M. Picard) mich zurückrufen?*

   Est-ce qu'il pourrait _____ rappeler?

6. *Ich kann ihn nicht erreichen.*

   Je ne peux pas _____ joindre.

7. *Könnten Sie ihm etwas ausrichten?*

   Pourriez-vous _____ donner un message?

8. *Sie können uns bis 20 Uhr erreichen.*

   Vous pouvez _____ joindre jusqu'à 20 heures.

Übung 30

Am Telefon. Setzen Sie das richtige Personalpronomen ein.

1. *Schön, dass du (mich) anrufst.*

   C'est bien que tu _____ appelles.

2. *Störe ich (dich)?*

   Je _____ dérange?

3. *Kannst du ihnen (= deinen Eltern) etwas ausrichten?*

   Tu peux _____ donner un message?

4. *Ich kann sie (= ihre Unterlagen) nicht fotokopieren.*

   Je ne peux pas _____ photocopier.

18 Die Reflexivpronomen

Die Reflexivpronomen haben Sie bereits im Kapitel über die reflexiven Verben (Seite 17) kennen gelernt.

Verben, die im Französischen und Deutschen reflexiv sind:

s'adresser à qn	*sich an jdn wenden*
s'amuser	*sich amüsieren*
se dépêcher	*sich beeilen*
s'habituer à qc	*sich an etw. gewöhnen*
s'occuper de qc	*sich um etw. kümmern*
se reposer	*sich ausruhen*
se sentir	*sich fühlen*

Manche Verben, die im Französischen reflexiv sind, sind im Deutschen nicht reflexiv.

s'appeler	*heißen*
s'arrêter	*stehen bleiben*
se coucher	*zu Bett gehen*
se lever	*aufstehen*
se marier	*heiraten*
se promener	*spazieren gehen*

Die Reflexivpronomen sind:

je	**me/m'**	nous	**nous**
tu	**te/t'**	vous	**vous**
il	**se/s'**	ils	**se/s'**
elle	**se/s'**	elles	**se/s'**

Anwendung beim Sprechen

Je **m'intéresse** beaucoup au football.	*Ich interessiere mich sehr für Fußball.*
Je vais **me reposer** un peu.	*Ich will mich ein wenig ausruhen.*
Comment tu **t'appelles**?	*Wie heißt du?*
Vous devez **vous dépêcher**.	*Sie müssen sich beeilen.*
Je ne **me sens** pas bien.	*Mir ist nicht gut.*
On **s'habitue** à tout.	*Man gewöhnt sich an alles.*
Nous **nous marierons** fin mai.	*Wir heiraten Ende Mai.*

⇒ Zur Stellung der Reflexivpronomen siehe Seite 73.

19 Die Adverbialpronomen *en* und *y*

19.1 Das Adverbialpronomen «*en*»

(1) «*en*» als Mengenangabe

Vous prenez encore **du café**?	*Nehmen Sie noch Kaffee?*
= Vous **en** prenez encore. (1)	*= Nehmen Sie noch **welchen**?*
J'ai mangé **beaucoup de viande**.	*Ich habe viel Fleisch gegessen.*
= J'**en** ai mangé beauoup. (2)	*= Ich habe viel **davon** gegessen.*
Je **n'**ai **plus d'argent**.	*Ich habe kein Geld mehr.*
= Je n'**en** ai plus. (3)	*= Ich habe **keins** mehr.*
J'ai mangé **deux bananes**.	*Ich habe zwei Bananen gegessen.*
= J'**en** ai mangé deux. (4)	*= Ich habe zwei **(davon)** gegessen.*

▶ «*en*» steht als Mengenangabe:
  – statt eines Substantivs mit dem Mengenartikel *du/de la/de l'/des* (Satz 1),
  – statt „*de* + Substantiv" bei Mengenangaben. (Satz 2),
  – statt „*de* + Substantiv" bei einer Negation (Satz 3),
  – statt eines Substantivs bei einem Zahlwort (Satz 4).

(2) «*en*» als Ersatz für „*de* + Substantiv der Sache"

J'**en** ai déjà parlé à Eric.	*Ich habe schon **darüber** mit Eric gesprochen.*
(= J'ai déjà parlé *de ce projet* à Eric.)	*(= Ich habe schon mit Eric über diesen Plan gesprochen.)*
Je m'**en** occuperai.	*Ich werde mich **darum** kümmern.*
(= Je m'occuperai *de cette réparation*.)	*(= Ich werde mich um diese Reparatur kümmern.)*

▶ «*en*» steht für „*de* + Substantiv", das eine Sache bezeichnet.

Verben und Ausdrücke mit „*de* + Substantiv der Sache"

parler **de** qc	*von/über etw. sprechen*
s'occuper **de** qc	*sich um etw. kümmern*
avoir besoin **de** qc	*etw. brauchen*
avoir très besoin **de** qc	*etw. dringend brauchen*
avoir peur **de** qc	*vor etw. Angst haben*
être heureux/heureuse **de** qc	*sich über etw. freuen*
être content/e **de** qc	*über etw. froh sein*

19 Die Adverbialpronomen

19.2 Das Adverbialpronomen «y»

(1) «y» als Ortsangabe

Cet été, je vais **à** Rome / **en** Bretagne / **dans** les Alpes / **sur** la Côte d'Azur / **chez** des amis à Londres. J'**y** suis déjà allé/e l'année dernière.	*Diesen Sommer fahre ich nach Rom / in die Bretagne / in die Alpen / an die Côte d'Azur / zu Freunden nach London. Ich war schon letztes Jahr **dort**.*

▶ «y» ersetzt **Ortsangaben** mit den Präpositionen *à/en/dans/sur/chez* (dt: „*dort/da*" bzw. „*dorthin/dahin*").

(2) «y» als Ersatz für „*à* + Substantiv der Sache"

J'**y** penserai. (= Je penserai *à votre invitation*.)	*Ich werde **daran** denken. (= Ich werde an Ihre Einladung denken.)*
Je vais **y** réfléchir. (= Je vais réfléchir *à cette proposition*.)	*Ich will erst noch einmal **darüber** nachdenken. (= Ich will erst noch einmal über diesen Vorschlag nachdenken.)*
Je ne m'**y** intéresse pas. (= Je ne m'intéresse pas *à la boxe*.)	***Dafür** interessiere ich mich nicht. (= Ich interessiere mich nicht für Boxen.)*

▶ «y» steht für „*à* + Substantiv der Sache".

Verben mit „*à* + Substantiv der Sache":

penser **à** qc	*an etw. denken*
réfléchir **à** qc	*über etw. nachdenken*
s'intéresser **à** qc	*sich für etw. interessieren*
s'habituer **à** qc	*sich an etw. gewöhnen*
répondre **à** qc	*auf etw. antworten*

! Unterscheiden Sie:

à + Substantiv der Sache → **y**

J'**y** ai déjà répondu. (= J'ai déjà répondu *à cette lettre*)	*Ich habe ihn schon beantwortet. (= Ich habe diesen Brief schon beantwortet.)*

à + Substantiv der Person → ***lui/leur*** (Objektpronomen)

Je **lui/leur** ai déjà répondu. (= J'ai déjà répondu *à Marc / à Marc et Eric*.)	*Ich habe ihm/ihnen schon geantwortet. (= Ich habe Marc / Marc und Eric schon geantwortet.)*

Anwendung beim Sprechen

J'**y** penserai.	*Ich werde daran denken.*
J'**y** ai réfléchi.	*Ich habe mir die Sache überlegt.*
Je lui **en** ai déjà parlé.	*Ich habe schon mit ihm / mit ihr darüber gesprochen.*
Je m'**en** occuperai.	*Ich werde mich darum kümmern.*
Je n'**en** ai pas besoin.	*Ich brauche das nicht.*
J'**en** suis très heureux/heureuse.	*Darüber freue ich mich sehr.*
J'**en** ai assez.	*Es reicht mir. / Ich habe genug davon.*

19.3 Die Stellung der Objekt- und Adverbialpronomen

▶ Bei der Stellung von zwei Objektpronomen unterscheidet man drei Kombinationsgruppen. Hierbei kann jedes Element der ersten Spalte mit jedem Element der zweiten Spalte kombiniert werden.

(1) me	le	(2)	le	lui	(3) Objekt-	y
te	la		la	leur	pronomen	en
nous	les		les			
vous						

(zu 1)

Je **vous les** montre tout de suite.	*Ich zeige sie Ihnen sofort.*
(= Je **vous** montre *mes CD*.) (a)	*(= Ich zeige Ihnen meine CDs.)*
Il ne veut pas **me le** donner.	*Er will sie mir nicht geben.*
(= Il ne veut pas **me** donner *son appareil photo numérique*.) (b)	*(= Er will mir seine Digitalkamera nicht geben.)*

(zu 2)

Je **le lui** ai déjà rendu. (a)	*Ich habe es ihm/ihr schon zurückgegeben.*
(= Je **lui** ai rendu *son dictionnaire*.)	*(= Ich habe ihm/ihr sein/ihr Wörterbuch zurückgegeben.)*

(zu 3)

Moi, je ne **m'y** intéresse pas.	*Ich interessiere mich nicht dafür.*
(= Je ne **m'**intéresse pas *à la boxe*.) (a)	*(= Ich interessiere mich nicht für Boxen.)*
Je **m'en** occuperai.	*Ich werde mich darum kümmern.*
(= Je **m'**occuperai *de ce problème*.) (b)	*(= Ich werde mich um dieses Problem kümmern.)*

▶ Die Objekt- und Adverbialpronomen stehen vor dem konjugierten Verb. (Sätze 1a, 2a, 3b)
Im verneinten Satz steht das Negationselement **ne** vor dem Pronomen, das Negationselement **pas** nach dem konjugierten Verb. (Satz 3a)

▶ Beziehen sich Objekt- oder Adverbialpronomen auf einen Infinitiv, so stehen diese direkt vor dem Infinitiv. (Satz 1b)

Übung 31

Setzen Sie die angegebenen reflexiven Verben in die passende Form.

1. Je ne _____ pas bien. (se sentir)

2. Je ne _____ pas au football. (s'intéresser)

3. Vous ne _____ pas bien? (se sentir)

4. Je ne peux pas _____ à ce bruit[1]. (s'habituer)

5. Nous _____ sommes bien _____ . (s'amuser, *p.c.*)

6. Vous _____ à quelle heure? (se lever)

[1] *Lärm*

Übung 32

*En oder **y**? Übersetzen Sie die Sätze.*

1. *Ich habe keins (= kein Geld) mehr.*

   _____

2. *Nehmen Sie noch welchen (= Tee)?*

   _____

3. *Ich werde darüber nachdenken.* (réfléchir à qc)

   _____

4. *Brauchen Sie das noch?* (avoir besoin de qc)

   _____ encore _____

5. *Haben Sie daran gedacht?* (penser à qc)

   _____

20   Die unverbundenen Personalpronomen

Moi, je vais au cinéma. (1)	*Ich gehe ins Kino.*
J'habite chez **eux**. (2)	*Ich wohne bei ihnen.*
Elle parle le français beaucoup mieux que **moi**. (3)	*Sie spricht viel besser Französisch als ich.*
Mme Lavisse, c'est **vous**? (4)	*Sind **Sie** Frau Lavisse?*
Il a arrêté de fumer. (5)	*Er hat mit dem Rauchen aufgehört.*
– **Moi** aussi.	*– Ich auch.*

Übersicht über die unverbundenen Personalpronomen

Singular		*Plural*	
moi	*(je ...)*	nous	*(nous ...)*
toi	*(tu ...)*	vous	*(vous ...)*
lui	*(il ...)*	**eux**	*(ils ...)*
elle	*(elle ...)*	elles	*(elles ...)*

! Merken Sie sich besonders die fett gedruckten Formen *moi, toi, lui, eux*. Die anderen Formen sind wie die Subjektpronomen.

▶ Die unverbundenen Personalpronomen stehen:
  – zur Hervorhebung des Subjekts (*Moi, je ... / Toi, tu .../ ...*) (1),
  – nach Präpositionen (2),
  – nach *que* in Vergleichssätzen (3),
  – nach *c'est* (4),
  – allein, d.h. in Sätzen ohne Verb (5).

Übung 33

Übersetzen Sie die Sätze.

1. *Sind Sie M. Bobet?*

   _____

2. *Er wohnt bei mir.*

   _____

3. *Ich arbeite nicht mit ihm.*

   _____

4. *Ich fahre mit ihnen in Urlaub.* (partir en vacances)

   _____

21   Die Relativpronomen

(1) qui

Voici les photos *(f.)* **qui** me plaisent le plus. C'est mon fils *(m.)* **qui** a pris ces photos.	*Das hier sind die Fotos, die mir am besten gefallen.* *Das ist mein Sohn, der diese Fotos gemacht hat.*

▶ *qui* ist immer das **Subjekt** des Relativsatzes. Es bezieht sich auf Personen und Sachen, im Singular und Plural, Maskulinum und Femininum.

▶ *qui* wird nie apostrophiert.

(2) que

Voici les photos *(f.)* **que** je voulais vous montrer. Les gens *(m.)* **qu'**on rencontre en ville, ce sont les touristes.	*Das hier sind die Fotos, die ich Ihnen zeigen wollte.* *Die Leute, die man in der Stadt trifft, das sind die Touristen.*

▶ *que* ist immer das **direkte Objekt** des Relativsatzes. Es bezieht sich auf Personen und Sachen, im Singular und Plural, Maskulinum und Femininum.

▶ *que* wird vor Vokal zu *qu'* apostrophiert.

(3) où

J'habite dans une région **où** le chômage est très élevé. (1)	*Ich wohne in einer Region, in der / wo die Arbeitslosigkeit sehr hoch ist.*
Je me rappelle très bien le jour **où** j'ai passé mon permis de conduire. (2)	*Ich erinnere mich noch sehr gut an den Tag, an dem ich meinen Führerschein gemacht habe.*

▶ Das Relativpronomen *où* steht bei **Ortsangaben**. (Satz 1)
où wird aber auch bei **Zeitangaben** verwendet. (Satz 2)

▶ Zeitangaben mit *où*:

au moment **où** ...	*in dem Augenblick, in dem ...*
le jour **où** ...	*an dem Tag, an dem ...*
la semaine **où** ...	*in der Woche, in der ...*
les deux mois **où** ...	*in den zwei Monaten, in denen ...*

(4) dont

Voici l'actrice **dont** je vous ai parlé. (1)	*Das ist die Schauspielerin, von der ich Ihnen erzählt habe.*
Je paie moi-même les livres **dont** j'ai besoin. (2)	*Ich bezahle die Bücher, die ich brauche, selbst.*

▶ Das Relativpronomen **dont** steht für eine Ergänzung mit **de**.
dont bezieht sich generell auf Personen (Satz 1) und Sachen (Satz 2).

parler **de qn** („*von jdm sprechen*") → **dont** *(Person)*
avoir besoin **de qc** („*etw. brauchen*") → **dont** *(Sache)*

Anwendung beim Sprechen

Il y a beaucoup de choses **qui** me plaisent.	*Es gibt viele Dinge, die mir gefallen.*
Je déteste les discussions **qui** ne finissent pas.	*Ich hasse ewige Diskussionen (= Diskussionen, die nicht enden).*
Je ne trouve pas les clés **que** vous m'avez données.	*Ich finde die Schlüssel nicht, die Sie mir gegeben haben.*
Est-ce qu'il y a un endroit **où** je peux garer ma voiture?	*Gibt es hier einen Ort, wo ich meinen Wagen parken kann?*
Les trois semaines **où** nous sommes restés en Italie, nous avons toujours eu beau temps.	*In den 3 Wochen, wo wir in Italien waren, hatten wir immer schönes Wetter.*

Übung 34

*Setzen Sie die Relativpronomen **qui, que, où, dont** ein.*

1. Voici les deux photos _____ j'aime le mieux.

2. Il y a des choses _____ ne m'intéressent pas.

3. Voici le livre _____ je vous ai parlé.

4. Les deux jours _____ je suis resté à Paris, il a fait très beau.

5. Où sont les CD _____ j'ai achetés?

6. La maison _____ nous avons habité avant, n'existe plus.

7. C'est la chanson _____ me plaît le plus.

8. Ma fille gagne elle-même l'argent _____ elle a besoin pour bien vivre.

22 Die Präpositionen

22.1 Die Präpositionen des Ortes

(1) Die Präpositionen à, *dans, en, chez*

Je vais **à** Rome.	*Ich fahre **nach** Rom.*
Je loge **à** l'hôtel.	*Ich wohne **im** Hotel.*
Il habite **au** Portugal.	*Er wohnt **in** Portugal.*
Elle va **aux** Etats-Unis.	*Sie fährt **in** die USA.*
(à bezeichnet den Ort als Punkt)	
(au/aux steht bei maskulinen Ländernamen)	
Elle est **dans** la cuisine..	*Sie ist **in** der Küche.*
Je loge **dans** un petit hôtel.	*Ich wohne **in** einem kleinen Hotel.*
(dans: bezeichnet den Ort in einem Raum *(in = innerhalb von)*, bzw. steht bei einer genauen Ortsangabe)	
Je vais **en** Italie.	*Ich fahre **nach** Italien.*
Il habite **en** Bretagne.	*Er wohnt **in** der Bretagne.*
(en: steht bei femininen Länder- und Provinznamen)	
Je vais **chez** mes parents.	*Ich fahre **zu** meinen Eltern.*
Il travaille **chez** Renault.	*Er arbeitet **bei** Renault.*
(chez: steht bei Personen bzw. bei Firmen)	

(2) Weitere Präpositionen des Ortes

Je vous attends **devant** la poste.	*Ich warte auf Sie **vor** der Post.*
Elle est **derrière** la maison.	*Sie ist **hinter** dem Haus.*
Vos clés sont **sur** la table, là-bas.	*Ihre Schlüssel liegen **auf** dem Tisch da hinten.*
Votre journal est tombé **sous** la table.	*Ihre Zeitung ist **unter** den Tisch gefallen.*
Je vous attends **en face de** l'église.	*Ich warte auf Sie **gegenüber** der Kirche.*
Le cinéma est **à côté de** l'église.	*Das Kino ist **neben** der Kirche.*
Je vous attends **de l'autre côté de** la rue.	*Ich warte auf Sie **auf der anderen** Straßenseite.*
Le musée est **à droite de** / **à gauche de** la poste.	*Das Museum ist **rechts von** / **links von** der Post.*
Je suis tombé/e par terre **au milieu de** la rue.	*Ich bin **mitten auf** der Straße hingefallen.*

La gare est **au bout de** la rue.	Der Bahnhof ist **am Ende** der Straße.
Nous faisons du camping **au bord de** la mer / **au bord d'**un lac.	Wir machen Camping **am** Meer / **an** einem See.
Il y avait beaucoup de gens **autour de** nous.	Es standen viele Leute **um uns herum**.
Nous habitons **au nord de** / **à l'est de** Munich.	Wir wohnen **nördlich von** / **östlich von** München.
Nous habitons **au-dessus d'**un supermarché.	Wir wohnen **über (oberhalb von)** einem **Supermarkt.**
Nous habitons **près de** Dresde.	Wir wohnen **in der Nähe von** Dresden.
Ce n'est pas **loin de** Dresde.	Das ist nicht **weit von** Dresden.
C'est **entre** Leipzig et Dresde.	Das ist **zwischen** Leipzig und Dresden.
Je viens **de** Rome / **d'**Italie.	Ich komme **aus** Rom / **aus** Italien.
De Rom **à** Cologne, j'ai pris l'autoroute.	**Von** Rom **bis** Köln habe ich die Autobahn genommen.
Je suis passé/e **par** Munich.	Ich bin **über** München gefahren.
Je suis allé/e **jusqu'à** Cologne.	Ich bin **bis** Köln gefahren.
A partir de Milan, il a plu.	**Ab** Mailand / **Von** Mailand **an** hat es geregnet.
J'ai roulé **à travers** la Suisse sans m'arrêter.	Ich bin **quer durch** die Schweiz gefahren ohne anzuhalten.

Übung 35

Setzen Sie die Präpositionen à, au, dans, en, chez ein.

1. Ma sœur vit _____ Angleterre.

2. Je vais _____ Danemark *(m.)*.

3. Mon frère travaille _____ Siemens.

4. J'habite _____ Berlin.

5. Je travaille _____ une banque.

6. Nous sommes allés _____ Normandie.

22.2 Die Präpositionen der Zeit

Je viendrai **à** trois heures. Je partirai en vacances **au** mois de juin. (à: gibt einen genauen Zeitpunkt an)	*Ich komme **um** 3 Uhr.* *Ich fahre **im** (Monat) Juni in* *Urlaub.*
Je viendrai **dans** deux heures. (dans: *in = nach Ablauf von*)	*Ich komme **in** 2 Stunden.*
J'ai lu ce livre **en** deux jours. (en: *in = innerhalb von*)	*Ich habe dieses Buch **in** 2 Tagen* *gelesen.*
Je viendrai **en** été / **en** automne /**en** hiver. (en + Jahreszeit)	*Ich komme **im** Sommer / **im*** *Herbst / **im** Winter.*
Je suis né/e **en** 1982. (en + Jahreszahl)	*Ich bin 1982 geboren.*
Pendant les vacances, je ne travaillerai pas. **Pendant** mon stage à Paris, je suis allé/e quatre fois au Louvre. (pendant: *während* (Zeitraum))	***In** den Ferien werde ich nicht* *arbeiten.* ***Während** meines Praktikums in* *Paris war ich vier Mal im* *Louvre.*

Je viendrai vous voir **avant** les vacances. (avant: *vor* (Zeitpunkt))	*Ich werde Sie **vor** den Ferien* *besuchen.*
Je viendrai vous voir **après** les vacances. (après: *nach*; Gegensatz: avant: *vor*)	*Ich komme Sie **nach** den Ferien* *besuchen.*
Je suis renté/e **il y a** deux jous.	*Ich bin **vor** 2 Tagen zurück-* *gekommen.*
(il y a: *vor* (gibt einen vergangenen Zeitpunkt nach einer Zeitdauer an))	

Le musée est fermé **de** midi **à** 14 heures. **A partir de** samedi, je serai à Lyon. Je suis ici **depuis** trois jours. Je vais rester ici **jusqu'à** lundi prochain.	*Das Museum ist **von** 12 Uhr* ***bis** 14 Uhr geschlossen.* ***Ab** Samstag / **Von** Samstag **an*** *bin ich in Lyon.* *Ich bin **seit** 3 Tagen hier.* *Ich bleibe **bis** nächsten Montag* *hier.*

Je pars **entre** neuf heures **et** dix heures.	*Ich fahre **zwischen** 9 Uhr **und** 10 Uhr.*
Je vais venir **vers** 18 heures.	*Ich komme **gegen** 18 Uhr.*
Je resterai à Lyon **pour** huit jours. (pour: *für = für die Dauer von*)	*Ich bleibe **für** 8 Tage in Lyon.*
Au bout de cinq heures, je suis arrivé/e à Lyon. (au bout de: *nach = nach Ablauf von*)	***Nach** 5 Stunden war ich in Lyon.*
Au cours des deux dernières années, le chômage a beaucoup augmenté. (au cours de: *im Laufe von*)	***Im Laufe der** letzten 2 Jahre hat die Arbeitslosigkeit stark zugenommen.*

22.3   Modale Präpositionen

Ce parapluie n'est pas **à** moi. (à: bezeichnet den Besitzer)	*Dieser Schirm gehört mir nicht.*
J'ai acheté un livre **à** 29 EUR. (à: *zu, für* (Preis))	*Ich habe ein Buch **zu** 29 EUR gekauft.*
Je vais à mon travail **en** voiture / **en** bus. (en: *mit* (Verkehrsmittel))	*Ich fahre **mit** dem Wagen / **mit** dem Bus zur Arbeit.*
Je ne suis pas bon/bonne **en** anglais / **en** histoire. (en: *in* (Unterrichtsfach))	*Ich bin nicht gut **in** Englisch / **in** Geschichte.*
Je prends le café **avec** du lait.	*Ich nehme den Kaffee **mit** Milch.*
Je prends le café **sans** sucre.	*Ich nehme den Kaffee **ohne** Zucker.*
J'ai fait ce travail **pour** un ami.	*Ich habe diese Arbeit **für** einen Freund gemacht.*
Il faut faire davantage **contre** le chômage.	*Man muss noch mehr **gegen** die Arbeitslosigkeit tun.*

Je suis allé/e à mon travail **malgré** ma grippe.	*Ich bin **trotz** meiner Grippe zur Arbeit gegangen.*
Je suis resté/e chez moi **à cause du** mauvais temps. (à cause de: *wegen*	*Ich bin **wegen** des schlechten Wetters zu Hause geblieben.*
Parmi les blessés, il y avait plusieurs enfants. (parmi: *unter, zwischen*)	*__Unter__ den Verletzten waren mehrere Kinder.*

Übung 36

Ergänzen Sie die Sätze. Achten Sie dabei auf die richtige Präposition.

1. *Ich fahre in einer Stunde.*

   Je pars _____ .

2. *Ich fahre im März nach Marseille.*

   Je partirai _____ Marseille _____ mois _____ .

3. *Ich komme im September zurück.*

   Je rentrerai _____ .

4. *Was machen Sie in den Ferien?*

   Qu'est-ce que vous faites _____ ?

5. *Sie können mich um 19 Uhr anrufen.*

   Vous pouvez m'appeler _____ .

6. *Ich habe in einem Monat 5 kg abgenommen.*

   J'ai perdu cinq kilos _____ .

7. *Ich habe ihn vor 3 Tagen getroffen.*

   Je l'ai rencontré _____ .

8. *Ich rufe Sie nach meiner Rückkehr an.*

   Je vous appellerai _____ .

9. *Wir sind kurz vor 6 Uhr angekommen.*

   Nous sommes arrivés peu _____ .

10. *Ich bin vor einer Stunde zurückgekommen.*

    Je suis rentré _____ .

23 Die Konjunktionen

23.1 Die Konjunktionen mit dem Indikativ

Quand il fait mauvais, je reste chez moi.
(quand: *wenn = jedes Mal, wenn*)

Wenn es schlechtes Wetter ist, bleibe ich zu Hause.

Si j'avais eu assez de temps, j'aurais terminé ce travail.
(si: *wenn = falls*)

Wenn ich genug Zeit gehabt hätte, hätte ich die Arbeit beendet.

Hier soir, **quand** je suis sorti/e du cinéma, il neigeait.
(quand: *als*)

Als ich gestern Abend aus dem Kino kam, hat es geschneit.

Au moment où j'ai voulu payer le CD, j'ai remarqué que je n'avais pas d'argent sur moi.

In dem Moment, wo ich die CD bezahlen wollte, habe ich bemerkt, dass ich kein Geld bei mir hatte.

Chaque fois que je suis stressé/e, je fais des exercices de relaxation.

Jedes Mal, wenn / Immer, wenn ich gestresst bin, mache ich Entspannungsübungen.

J'ai pris le bus **parce que** j'étais pressé/e.
(parce que: *weil* (steht nach dem Hauptsatz))

Ich bin mit dem Bus gefahren, weil ich in Eile war.

Comme j'étais en retard, j'ai appelé un taxi.
(comme: *da, weil* (steht vor dem Hauptsatz))

Weil ich mich verspätet hatte, habe ich ein Taxi gerufen.

Ça s'est passé **pendant que** je dormais.
(pendant que (+ imparfait): *während* (zeitlich))

Das ist passiert, während ich schlief.

J'ai fait tout ce travail **tandis que** mon fils est allé faire du sport.

Ich habe die ganze Arbeit gemacht, während mein Sohn zum Sport gegangen ist.

(tandis que: *während* (Gegensatz))

Depuis que je suis au chômage, je n'ai plus de contact avec mes amis.

Seit /Seitdem ich arbeitslos bin, habe ich keinen Kontakt mehr mit meinen Freunden.

Je vous appellerai **dès que** je serai de retour.

Ich rufe Sie an, sobald ich zurück bin.

Après qu'il a cessé de pleuvoir, je suis parti/e.
(après que (+ passé composé): *nachdem*)

Nachdem es aufgehört hatte zu regnen, bin ich losgefahren.

23.2 Die Konjunktionen mit dem Konjunktiv

Il faut trouver une solution **avant que** ce soit *(être: subj.)* trop tard.	*Man muss eine Lösung finden, **bevor** es zu spät ist.*
Je resterai ici **jusqu'à ce que** ma voiture soit *(être: subj.)* réparée.	*Ich bleibe hier, **bis** mein Auto repariert ist.*
Nous avons économisé beaucoup d'argent **pour que** ma fille puisse *(pouvoir: subj.)* aller en Amérique.	*Wir haben viel Geld gespart, **damit** meine Tochter nach Amerika fahren kann.*
Il s'est acheté une nouvelle voiture **quoiqu'**il n'ait *(avoir: subj.)* pas d'argent.	*Er hat sich ein neues Auto gekauft, **obwohl** er kein Geld hat.*
Elle veut s'acheter un nouveau portable **bien que** je sois *(être: subj.)* contre.	*Sie will sich ein neues Handy kaufen, **obwohl** ich dagegen bin.*
Il décide de tout **sans que** je puisse *(pouvoir: subj.)* dire mon opinion.	*Er entscheidet über alles, **ohne dass** ich meine Meinung sagen kann.*

⇛ Zum **subjonctif** siehe Seite 92.

Übung 37

Übersetzen Sie die folgenden Ausdrücke.

1. *wenn (= immer wenn) es schönes Wetter ist ...*

   _____

2. *wenn (= falls) ich Zeit habe* (avoir le temps) *...*

   _____

3. *als ich nach Hause kam ...*

   _____

4. *jedes Mal, wenn das Telefon klingelt* (sonner) *....*

   _____

5. *während (zeitlich) ich arbeitete ...*

   _____

6. *in dem Moment, wo ich die Tür öfnete ...*

   _____

24 Die Zahlen

24.1 Die Grundzahlen

0	zéro	21	ving**t et** un/une		
1	**un, une**	22	ving**t**-deux		
2	deux	23	ving**t**-trois		
3	trois	30	trente		
4	quatre	31	trente **et** un/une		
5	cinq	40	quarante		
6	six	41	quarante **et** un/une		
7	sept	50	cinquante		
8	huit	51	cinq**u**ante **et** un/une		
9	neuf	60	soixante		
10	dix	61	soixante **et** un/une		
11	onze	70	soixante-**dix**	(60 10)	
12	douze	71	soixante **et** onze	(60+11)	
13	treize	72	soixante-douze	(60 12)	
14	quatorze	73	soixante-treize	(60 13)	
15	quinze	80	quatre-ving**ts**	(4x20)	
16	seize	81	quatre-ving**t-un/une**	(4x20 1)	
17	dix-sept	82	quatre-ving**t**-deux	(4x20 2)	
18	dix-huit	90	quatre-ving**t-dix**	(4x20 10)	
19	dix-neuf	91	quatre-ving**t**-onze	(4x20 11)	
20	ving**t**	92	quatre-ving**t**-douze	(4x20 12)	

100	cent
101	cent **un/une**
102	cent deux
150	cent cinquante
180	cent quatre-ving**ts**
200	deux cen**ts**
201	deux cent **un/une**

1.000	mille
1.001	mille **un/une**
2.000	deux mill**e**
1.000.000	un millio**n**
2.000.000	deux million**s**
1.000.000.000	un milliard
2.000.000.000	deux milliard**s**

▶ *Vous mangez combien de bananes (f.)?* **Une** *ou deux?*
Die Zahlwörter **un** und **une** richten sich im Geschlecht nach dem zugehörigen Substantiv.

▶ *vingt* **et** *un, trente* **et** *un, quarante* **et** *un, cinquante* **et** *un, soixante* **et** *un, soixante* **et** *onze*
Bei 21, 31, 41, 51, 61, 71 steht zwischen Zehner und Einer ein **et**.

▶ 80 *quatre-vingt***s** wird mit *-s* geschrieben.
81 *quatre-vingt-un*: Folgt auf *quatre-vingt* eine Zahl, so fällt das *-s* weg.

▶ 200 *deux cent***s**: *cent* hat im Plural ein *-s*.
210 *deux cent dix*: Folgt auf *cent* eine Zahl, so fällt das *-s* weg.
2.000 *deux mill***e**: *mille* ist unveränderlich.
2.000.000 *deux millions*, 2.000.000.000 *deux milliards*: *million* und *milliard* haben im Plural ein *-s*.

24.2 Die Ordnungszahlen

1^{er}le premier	14^{e}le/la quator**zième**
1ère la première	15e le/la quin**zième**
2e le/la deuxième	16e le/la sei**zième**
3e le/la troisième	17e le/la dix-septième
4e le/la quat**rième**	18e le/la dix-huitième
5e le/la cin**quième**	19e le/la dix-neu**vième**
6e le/la sixième	20e le/la vingtième
7e le/la septième	21e le/la vingt et **unième**
8e le/la huitième	22e le/la vingt-deuxième
9e le/la neu**vième**	30e le/la tren**tième**
10e le/la dixième	70e le/la soixante-dixième
11e le/la on**zième**	80e le/la quatre-vingtième
12e le/la dou**zième**	100e le/la centième
13e le/la trei**zième**	1.000^{e} le/la mil**lième**

! | F/D | Beachten Sie:

Napoleon III	=	Napoléon **III**	(trois)
Ludwig XVI	=	Louis **XVI**	(seize)
Napoleon I	=	Napoléon **I**^{er}	(premier)
Katharina I	=	Catherine **I**^{ère}	(première)

Im Unterschied zum Deutschen steht im Französischen bei **Herrschernamen** die **Grundzahl**. Nur beim „Ersten" steht die Ordnungszahl *premier/première*.

Anwendung beim Sprechen

Pardon, Monsieur/Madame, pour aller à la poste, c'est la **première** rue à droite?	*Entschuldigen Sie, zur Post, ist das die 1. Straße rechts?*
C'est la **deuxième** fois que je suis ici.	*Ich bin zum 2. Mal hier.*
J'habite au **troisième** étage.	*Ich wohne im 3. Stock.*
Nous sommes au **XXI**e (vingt et unième) siècle.	*Wir leben im 21. Jahrhundert.*

24.3   Das Datum

Je partirai **le** 2 avril.	*Ich fahre **am** 2. April.*
Je rentrerai **le** 31 mai.	*Ich komme **am** 31. Mai zurück*
Je partirai en vacances **le** 5 août.	*Ich fahre **am** 5. August in Urlaub.*
Je partirai **le** samedi, 5 août.	*Ich fahre **am** Samstag, den 5. August.*
Je serai à Paris **du** 2 **au** 12 juin.	*Ich bin **vom** 2. – 12. Juni in Paris.*
Je serai à Paris **jusqu'au** 12 juin.	*Ich bin **bis zum** 12. Juni in Paris.*

▶   F/D   Beachten Sie:

Beim **französischen Datum** steht im Unterschied zum Deutschen die **Grundzahl** *(le deux / le trois ... avril).*
Nur der Erste des Monats wird mit der Ordnungszahl wiedergegeben: *le 1er avril (le premier avril) / le 1er mai / le 1er juin ...*

▶   Bei Datumsangaben steht immer *le* ohne Präposition („am") bzw. *du ... au* („vom ... bis zum ...") oder *jusqu'au* („bis zum").

Anwendung beim Sprechen

Mon anniversaire, c'est **le** 10 février.	*Ich habe am 10. Februar Geburtstag.*
En Allemagne, **le** 3 octobre, c'est un jour férié.	*In Deutschland ist der 3. Oktober ein Feiertag.*
Le 7 mai, c'est quel jour? – C'est un jeudi.	*Der 7. Mai, was ist das für ein Tag? – Das ist ein Donnerstag.*
On est le combien aujourd'hui? – **Le** 23 (le vingt-trois).	*Der wie vielte ist heute? – Der 23.*
On est **le** 23 septembre.	*Wir haben den 23. September.*

24.4 Die Uhrzeit

15h00	Il est trois heures.	*Es ist drei Uhr.*
15h10	Il est trois heures dix.	*Es ist 10 nach drei.*
15h15	Il est trois heures **et quart**.	*Es ist Viertel nach drei.*
15h30	Il est trois heures **et demie**.	*Es ist halb vier.*
15h45	Il est **quatre** heures **moins le quart**.	*Es ist Viertel vor vier.*
15h55	Il est **quatre** heures **moins** cinq.	*Es ist 5 vor vier.*
12h00	Il est midi.	*Es ist 12 Uhr.*
12h30	Il est midi **et demi**.	*Es ist halb eins.*
00h00	Il est minuit.	*Es ist Mitternacht.*
00h15	Il est minuit **et quart**.	*Es ist Viertel nach 12.*
15h30	Il est quinze heures trente.	*Es ist 15.35 Uhr.*
12h15	Il est douze heures quinze.	*Es ist 12.15 Uhr.*
00h45	Il est zéro heure quarante-cinq.	*Es ist 00.45 Uhr.*

▶ Bei offiziellen Zeitangaben (im Radio, Fernsehen, usw.) wird wie im Deutschen durchgezählt.

Anwendung beim Sprechen

Quelle heure est-il?	*Wie viel Uhr ist es?*
Je viens entre midi et deux heures.	*Ich komme zwischen 12 und 2 Uhr.*
La poste ouvre à quelle heure? – A neuf heures.	*Wann / Um wie viel Uhr öffnet die Post? – Um 9 Uhr.*
Ce supermarché est ouvert de 8 heures à 20 heures.	*Dieser Supermarkt ist von 8 Uhr – 20 Uhr geöffnet.*
Ce film durera jusqu'à quelle heure? – Jusqu'à 22 h 30.	*Bis wie viel Uhr dauert der Film? – Bis halb elf.*

Übung 38

Sie sagen in der Umgangssprache, wie viel Uhr es ist.

1. 08:10   Il est _____
2. 10:30   _____
3. 11:45   _____
4. 16:50   _____
5. 18:15   _____
6. 22:35   _____

Teil 2

Zusatzgrammatik fürs Sprechen

25 Die Demonstrativpronomen

In Kap. 14 wurden bereits die Demonstrativbegleiter *ce/cet/cette/ces* *(„dieser/diese/dieses")*behandelt. Die Demonstrativbegleiter kommen nur in Verbindung mit einem Substantiv vor.

Von den Demonstrativbegleitern *ce/cet/cette/ces* zu unterscheiden sind die Demonstrativpronomen **celui-là / celle-là**.

> Je cherche un manteau *(m.)*. C'est combien, **celui-là**?
> *Ich suche einen Mantel. Wie teuer ist dieser da?*
>
> Je voudrais un peu de salade *(f.)*. Donnez-moi 200 grammes de **celle-là** et 300 grammes de **celle-là**.
> *Ich hätte gerne etwas Salat. Geben Sie mir 200 g von diesem da und 300 g von dem da.*

> ▶   *Singular*   *Plural*
>
> *Mask.:* **ce** livre-**là** → **celui-là**   ces livres-**là** → **ceux-là**
> *Fem.:* **cette** photo-**là** → **celle-là**   ces photos-**là** → **celles-là**

▶ Die Demonstrativpronomen **celui-là / celle-là / ceux-là / celles-là** ersetzen **ce/cet/cette/ces** + Nomen mit angehängtem **–là**:
ce livre-là („dieses Buch da") → **celui-là** *(„dieses da")*.

26 Das conditionnel passé

Neben dem häufig gebrauchten conditionnel présent (Konditional I),
das bereits in Kap. 8 behandelt wurde, gibt es auch das conditionnel passé
(Konditional II), das beim Sprechen seltener vorkommt.

j'	**aurais**	**trouvé**	je	**serais**	**allé(e)**
tu	**aurais**	**fini**	tu	**serais**	**venu(e)**
il/elle	**aurait**	**fait**	il/elle	**serait**	**parti(e)**
nous	**aurions**	**lu**	nous	**serions**	**arrivé(e)s**
vous	**auriez**	**eu**	vous	**seriez**	**revenu(e,s,es)**
ils/elles	**auraient**	**été**	ils/elles	**seraient**	**rentré(e)s**

▶ Das **conditionnel passsé (Konditional II)** wird gebildet aus dem
conditionnel présent (Konditional I) von *avoir* bzw. *être*
und dem participe passé des Verbs.

▶ Für die Wahl von *avoir* bzw. *être* und für die Veränderlichkeit des
participe passé gelten die gleichen Regeln wie beim passé composé,
d.h. die Verben der Bewegungsrichtung sowie die reflexiven Verben
bilden bilden das Konditional II mit *être*.
Reflexive Verben: **se reposer: je me serais reposé(e)**, usw.

1. Moi, à votre place, j'**aurais accepté** cette offre.	*Ich an Ihrer Stelle hätte dieses Angebot angenommen.*
2. Ce groupe d'extrême droite **aurait préparé** un attentat contre une synagogue à Lyon.	*Diese rechtsradikale Gruppe soll einen Anschlag auf eine Synagoge in Lyon vorbereitet haben.*

▶ Das Konditional II drückt aus:
1. die Unmöglichkeit der Realisierung einer Handlung,
2. eine nicht bestätigte Meldung (in der Zeitungssprache).

Si j'avais été chez moi, je vous **aurais** tout de suite **rappelé**. *(si-Satz)*	*Wenn ich zu Hause gewesen wäre, hätte ich Sie sofort zurückgerufen.*

▶ Das Konditional II steht auch im *si*-Satz (siehe Kap. 9).

Anwendung beim Sprechen

Je n'aurais pas dû faire ça.	*Das hätte ich nicht machen sollen.*
Moi, à votre place, j'y serais allé/e.	*Ich an Ihrer Stelle wäre dahin gegangen.*
Si j'avais su ça, je n'aurais rien dit.	*Wenn ich das gewusst hätte, hätte ich nichts gesagt.*

27 Der subjonctif

27.1 Der subjonctif présent

Il faut que je **parte** maintenant.	*Ich muss jetzt gehen.*
C'est dommage qu'il/elle ne **vienne** pas.	*Es ist schade, dass er/sie nicht kommt.*

Bildung

partir *(weggehen)*

ils **part**ent	→	que je	part**e**
(3. Pers. Pl. Präs.)		que tu	part**es**
		qu'il/elle	part**e**
		que nous	part**ions**
		que vous	part**iez**
		qu'ils/elles	part**ent**

▶ Man geht von der **3. Person Plural Indikativ Präsens** aus.
   Man lässt die Endung *-ent* weg und hängt an den Verbstamm
   folgende subjonctif-Endungen an: *-e, -es, -e, -ions, -iez, -ent*.

Verben mit zwei Pluralstämmen

venir *(kommen)*

ils **vienn**ent	→	que je	vienn**e**
(3. Pers. Pl. Präs.)		que tu	vienn**es**
		qu'il/elle	vienn**e**
		qu'ils/elles	vienn**ent**
nous **ven**ons	→	que nous	ven**ions**
(1. Pers. Pl. Präs.)		que vous	ven**iez**

▶ Verben, die in der 1. und 2. Person Plural Indikativ Präsens einen
   anderen Verbstamm als in der 3. Person Plural haben, weisen auch im
   subjonctif diese Änderung für die 1. und 2. Person Plural auf.

Der subjonctif einiger regelmäßigen und unregelmäßigen Verben

acheter *(kaufen)*

ils **achèt**ent	→	que j'	achèt**e**
		que tu	achèt**es**
		qu'il/elle	achèt**e**
		qu'ils/elles	achèt**ent**
nous **achet**ons	→	que nous	achet**ions**
		que vous	achet**iez**

prendre *(nehmen)*

ils pre**nn**ent	→	que je	pre**nn**e
		que tu	pre**nn**es
		qu'il/elle	pre**nn**e
		qu'ils/elles	pre**nn**ent
nous pre**n**ons	→	que nous	pre**n**ions
		que vous	pre**n**iez

boire *(trinken)*

ils b**oiv**ent	→	que je	b**oiv**e
		que tu	b**oiv**es
		qu'il/elle	b**oiv**e
		qu'ils/elles	b**oiv**ent
nous b**uv**ons	→	que nous	b**uv**ions
		que vous	b**uv**iez

voir *(sehen)*

ils v**oi**ent	→	que je	v**oi**e
		que tu	v**oi**es
		qu'il/elle	v**oi**e
		qu'ils/elles	v**oi**ent
nous v**oy**ons	→	que nous	v**oy**ions
		que vous	v**oy**iez

! **Spezialfälle**

avoir	→	que j'	**aie**	**être**	→	que je	**sois**
		que tu	**aies**			que tu	**sois**
		qu'il/elle	**ait**			qu'il/elle	**soit**
		que nous	**ayons**			que nous	**soyons**
		que vous	**ayez**			que vous	**soyez**
		qu'ils/elles	**aient**			qu'ils/elles	**soient**

faire	→	que je **fasses**	**pouvoir**	→	que je **puisse**
		que nous **fassions**			que nous **puissions**

savoir	→	que je **sache**	**aller**	→	que j'**aille**
		que nous **sachions**			que nous **allions**

27.2 Der subjonctif passé

Je ne crois pas qu'il/elle **ait fait** ça.	*Ich glaube nicht, dass er/sie das getan hat.*
C'est dommage qu'il/elle **soit tombé/e** malade.	*Es ist schade, dass er/sie krank geworden ist.*

▶ Der subjonctif passé wird gebildet mit dem subjonctif von *avoir* bzw. *être* und dem participe passé. Für die Wahl von *avoir* oder *être* und für die Veränderlichkeit des participe passé gelten die gleichen Regeln wie beim passé composé.

27.3 Der Gebrauch des subjonctif

Der subjonctif kommt fast nur in Nebensätzen mit *que* vor.

(1) Der subjonctif nach Verben und Ausdrücken der Willensäußerung (Wunsch, Forderung)

vouloir que	*wollen*	il voulait que …
souhaiter que	*wünschen*	je ne souhaite pas que …
exiger que	*fordern*	il exige que …
aimer que	*mögen*	j'aimerais bien que …

(2) Der subjonctif nach Verben und Ausdrücken der Gefühlsäußerung

avoir peur que	*Angst haben*	j'ai peur que …
être content/e que	*froh sein*	je suis content que …
être heureux/-euse que	*sich freuen*	je suis heureux que …
être triste que	*traurig sein*	elle est triste que …
regretter que	*bedauern*	je regrette que …

(3) Der subjonctif nach verneinten Verben des Denkens und Meinens

Je ne crois pas qu'il **soit** malade.	*Ich glaube nicht, dass er krank ist.*
Je ne pense pas qu'elle **ait** fait ça.	*Ich glaube nicht, dass sie das getan hat.*

▶ Beachten Sie:
Nach **bejahten** Verben des Denkens und Meinens steht der **Indikativ**.

Je crois qu'il est malade.	*Ich glaube, er ist krank.*
Je pense qu'elle a perdu son emploi.	*Ich glaube, sie hat ihren Arbeitsplatz verloren.*

(4) Der subjonctif nach bestimmten unpersönlichen Ausdrücken
(Willensäußerung, Gefühlsäußerung und persönliche
Stellungnahme)

il faut que je ...	*ich muss ...*
il est possible que	*es kann sein, dass ...*
c'est dommage que	*es ist schade, dass ...*
il est temps que	*es ist Zeit, dass ...*
il est nécessaire que	*es ist notwendig, dass ...*
c'est bien que	*es ist gut, dass ...*
il vaut mieux que	*es ist besser, wenn ...*

▶ Beachten Sie:
Nach unpersönlichen Ausdrücken, die eine gewisse Sicherheit zum
Ausdruck bringen, steht der Indikativ.

je suis sûr/e que	*ich bin sicher, dass ...*
c'est évident que	*es ist ganz klar, dass ..*
c'est vrai que	*es stimmt, dass ...*

(5) Der subjonctif nach bestimmten Konjunktionen

pour que	*damit*
quoique	*obwohl*
bien que	*obwohl*
avant que	*bevor*
sans que	*ohne dass*
jusqu'à ce que	*bis dass*

Anwendung beim Sprechen

Je ne crois pas que ce **soit** vrai.	*Ich glaube nicht, dass das stimmt.*
C'est dommage que vous ne **puissiez** pas venir.	*Es ist schade, dass Sie nicht kommen können.*
Je ne trouve pas bien qu'elle ne me **dise** rien.	*Ich finde das nicht in Ordnung, dass sie mir nichts sagt.*
C'est bien possible qu'il **vienne** encore.	*Es kann gut sein, dass er noch kommt.*
Elle ne veut pas que j'y **aille**.	*Sie will nicht, dass ich dahin gehe/fahre.*
Il vaut mieux que vous **fassiez** cette traduction tout de suite.	*Es ist besser, wenn Sie die Übersetzung sofort machen.*
C'est bien que vous **soyez venu/e**.	*Schön, dass Sie gekommen sind.*
Je dois faire ça avant que ce **soit** trop tard.	*Ich muss das machen, bevor es zu spät ist.*

Übung 39

Setzen Sie die angegebenen Verben in die richtige subjonctif-Form.

1. Je ne crois pas que ce _____ vrai. (être)
2. C'est dommage qu'elle ne _____ pas venir. (pouvoir)
3. Il faut que je _____ le taxi. (prendre)
4. C'est bien possible qu'il ne _____ rien. (faire)
5. Il vaut mieux que vous ne lui _____ rien. (dire)
6. Je ne trouve pas bien qu'il _____ ça. (avoir fait)
7. C'est bien que vous _____ . (être venu)
8. Je serais heureux que vous _____ nous voir. (venir)

Übung 40

Indikativ oder subjonctif? Ergänzen Sie die passende Verbform.

1. Je travaille jusqu'à ce qu'il _____ nuit. (faire)
2. Je crois que c' _____ possible. (être)
3. Il faut que je _____ ce travail (finir) avant que
   ce _____ trop tard. (être)
4. Elle est allée travailler quoiqu'elle _____ a grippe. (avoir)
5. Je trouve qu'elle _____ bon travail. (avoir fait)
6. C'est dommage qu'elle ne _____ pas _____ . (être venu)
7. Il est absolument nécessaire que vous _____ participer
   à notre réunion. (venir)
8. Je ne peux pas rester parce que j' _____ encore beaucoup
   de choses à faire. (avoir)

28   Der Imperativ

(1) Attend**s**, j'arrive tout de suite.	*Warte, ich komme sofort.*
Ne téléphon**e** **pas** à Michel.	*Rufe Michel nicht an!*
Dépêch**e**-toi.	*Beeil dich!*
(2) Donn**ez**-moi la carte, s'il vous plaît.	*Geben Sie mir bitte die Speisekarte!*
Ven**ez**, je vais vous montrer quelque chose.	*Kommen Sie mal! Ich will Ihnen mal etwas zeigen.*
(3) Rest**ons** donc encore une demi-heure.	*Bleiben wir doch noch eine halbe Stunde!*
Pren**ons** le bus!	*Lasst uns mit dem Bus fahren!*

▶ Die Formen des Imperativs werden abgeleitet von der:
1. Person Singular *(j'attend**s** / je téléphon**e**)* (1)
2. Person Plural *(vous donn**ez** / vous ven**ez**)* (2)
1. Person Plural *(nous rest**ons** / nous pren**ons**)* (3)

▶ Beim verneinten Imperativ wird die Verbform von *ne ... pas* umschlossen (**ne** *téléphone* **pas**).

▶ Beim bejahten Imperativ stehen die Reflexivpronomen nach der Verbform und werden mit einem Bindestrich angeschlossen *(dépêche-**toi**)*.

! Spezialfälle

N'**aie** pas peur. (1)	*Hab keine Angst!*
Soyez gentil/le avec lui. (2)	*Seien Sie nett zu ihm!*
Sachez qu'il entend très mal. (3)	*Sie müssen wissen, dass er sehr schlecht hört.*

avoir:	**aie,**	**ayez,**	**ayons**	(1)
être:	**sois,**	**soyez,**	**soyons**	(2)
savoir:	**sache,**	**sachez,**	**sachons**	(3)

Anwendung beim Sprechen

Assey**ez**-vous, s'il vous plaît.	*Setzen Sie sich doch bitte!*
N'oubli**ez** pas d'apporter vos documents.	*Denken Sie daran, Ihre Unterlagen mitzubringen!*
Ne vous énerv**ez** pas.	*Regen Sie sich nicht auf!*
Ne vous inquiét**ez** pas.	*Machen Sie sich da keine Sorgen!*

Anhang

**Ergänzende Grammatik
für die Schriftsprache**

**Übersicht über
die wichtigsten
unregelmäßigen Verben**

**Lösungen
zu den Übungen**

Ergänzende Grammatik für die Schriftsprache

EG 1 Die Possessivpronomen

In Kap. 13 wurden bereits die Possessivbegleiter *mon/ton/son* ... *(„mein/dein/sein/ihr ...")* behandelt. Die Possessivbegleiter stehen immer mit einem Substantiv *(mon père / ma mère)*.

Von den Possessivbegleitern *mon/ton/son* ... zu unterscheiden sind die Possessivpronomen **le mien / la mienne** ...

Ce parapluie-là *(m.)*, c'est **le vôtre** (= votre parapluie)?	*Dieser Schirm da, ist das Ihrer?*
– Non, ce n'est pas **le mien** (= mon parapluie).	*– Nein, das ist nicht meiner.*
Tu as tes CD *(m.)*? Parce que j'ai oublié **les miens** (= mes CD).	*Hast du deine CDs? Ich habe meine vergessen.*
Votre portable *(m.)* est bien meilleur que **le mien** (= mon portable).	*Ihr Laptop ist viel besser als meiner.*

▶
	Singular		*Plural*	
	Mask.	*Fem.*	*Mask.*	*Fem.*
	le mien	**la mienne** *(meiner ...)*	**les miens**	**les miennes**
	le tien	**la tienne** *(deiner ...)*	**les tiens**	**les tiennes**
	le sien	**la sienne** *(seiner ...)*	**les siens**	**les siennes**
	le/la nôtre		**les nôtres**	
	le/la vôtre		**les vôtres**	
	le/la leur		**les leurs**	

▶ Das Possessivpronomen **le mien/le tien/le sien** ... steht statt *mon/ton/son* ... + Nomen. Es richtet sich in Genus und Numerus nach dem Substantiv, das es vertritt.

le parapluie:	**mon** parapluie	→	**le mien**
la photo:	**mes** photos	→	**les miennes**
la valise:	**vos** valises	→	**les vôtres**

▶ Das Possessivpronomen steht immer mit dem bestimmten Artikel **le/la/les**:
le mien / **la** mienne / **les** miens / **les** miennes

EG 2   Das Interrogativpronomen *lequel*

Behandelt wurden bisher:
die Interrogativpronomen *qui („wer")*, *qui est-ce que („wen")*,
qu'est-ce qui (Subjekt) („was"), *qu'est-ce que (direktes Objekt) („was")*,
de quoi („wovon"), *à quoi („woran")* (siehe Kap. 5.3)
sowie die Interrogativbegleiter *quel/quelle („welcher/welche/welches")*
(siehe Kap. 15).

Im Unterschied zu den Interrogativbegleitern *quel/quelle*, die immer
mit einem Substantiv vorkommen, stehen die Interrogativpronomen
lequel/laquelle immer allein, d.h. ohne Substantiv.

Je voudrais un pain.	*Ich hätte gern ein Brot.*
– **Lequel**?	*– Welches? /Was für eins?*
Vous me donnez encore un morceau de fromage?	*Geben Sie mir noch ein Stück Käse?*
– **Duquel**? (= De quel fromage?)	*– Von welchem?*
Voici deux cartes postales. **Laquelle** préférez-vous?	*Hier sind 2 Ansichtskarten. Welche wollen Sie lieber?*
J'ai pensé à tous les problèmes.	*Ich habe an alle Probleme gedacht.*
– **Auxquels**? (= A quels problèmes?)	*– An welche?*
Je cherche les disquettes.	*Ich suche die Disketten.*
– **Lesquelles**? Les miennes ou les tiennes?	*– Welche? Meine oder deine?*

▶ Das Interrogativpronomen ***lequel*** ersetzt
«***quel*** + Substantiv der Sache». Dies ist dann der Fall, wenn das
Substantiv der Sache schon bekannt ist.
lequel richtet sich wie ***quel*** nach dem dazugehörigen Substantiv.

Singular	**Quel** pain?	→	**Lequel**? *(m.)*
	Quelle carte postale?	→	**Laquelle**? *(f.)*
Plural	**Quels** musées?	→	**Lesquels**? *(m.)*
	Quelles disquettes?	→	**Lesquelles**? *(f.)*

▶ In Verbindung mit den Präposition ***de*** und ***à*** ergeben sich folgende
Formen:

	Singular	*Plural*
Mask.	**duquel /auquel**	**desquels / auxquels**
Fem.	de laquelle /à laquelle	**desquelles / auxquelles**

EG 3   Das Relativpronomen *lequel*

Behandelt wurden bisher die Relativpronomen *qui, que, où, dont* (siehe Kap. 21).

L'Italie est un pays **dans lequel** *(m.)* j'aimerais bien vivre.	*Italien ist ein Land, in dem ich gerne leben würde.*
C'est la photo **à laquelle** *(f.)* j'ai pensé.	*Das ist das Foto, an das ich gedacht habe.*
Ce sont les problèmes **auxquels** *(m.)* j'ai pensé.	*Das sind die Probleme, an die ich gedacht habe.*
Les mesures du gouvernement **contre lesquelles** *(f.)* les gens manifestent, sont absolument nécessaires.	*Die Maßnahmen der Regierung, gegen die die Leute demonstrieren, sind absolut notwendig.*

▶ Das Reativpronomen *lequel* steht immer mit einer Präposition und bezieht sich auf eine Sache.

▶ Das aus dem Artikel *le/la/les* und *quel* gebildete Relativpronomen *lequel* hat folgende Formen:

	Singular	Plural
Mask.	dans **lequel**	dans **lesquels**
Fem.	avec **laquelle**	avec **lesquelles**

In Verbindung mit der Präposition *à* ergeben sich folgende Formen:

	Singular	Plural
Mask.	**auquel**	**auxquels**
Fem.	à laquelle	**auxquelles**

101

EG 4   Das futur antérieur (Futur II)

In Kap. 7.2 wurde bereits das futur simple (Futur I) behandelt, das beim Sprechen ziemlich häufig gebraucht wird.

Hiervon zu unterscheiden ist das futur antérieur (Futur II), das in der gesprochenen Sprache relativ selten vorkommt.

j'	**aurai**	trouvé	je	**serai**	allé(e)
tu	**auras**	fini	tu	**seras**	venu(e)
il/elle	**aura**	fait	il/elle	**sera**	parti(e)
nous	**aurons**	lu	nous	**serons**	arrivé(e)s
vous	**aurez**	eu	vous	**serez**	revenu(e,s,es)
ils/elles	**auront**	été	ils/elles	**seront**	rentré(e)s

▶   Das **Futur II** wird gebildet aus dem **Futur I** von *avoir* bzw. *être* und dem participe passé des Verbs.

▶   Für die Wahl von *avoir* bzw. *être* und für die Veränderlichkeit des participe passé gelten die gleichen Regeln wie beim passé composé, d.h. die Verben der Bewegungsrichtung sowie die reflexiven Verben bilden bilden das Futur II mit *être*.
Reflexive Verben: **se reposer: je me serai reposé(e)**, usw.

Quand j'**aurai passé** mon bac, j'irai en Amérique.	*Wenn ich mein Abi gemacht habe, gehe ich nach Amerika.*
Je vous appellerai dès que je **serai arrivé(e)** à Paris.	*Ich rufe Sie an, sobald ich in Paris angekommen bin.*
Je continuerai quand je **me serai** un peu **reposé(e)**.	*Ich mache weiter, wenn ich mich etwas ausgeruht habe.*

▶   Das **Futur II** bezeichnet einen zukünftigen abgeschlossenen Vorgang, der vor einem anderen zukünftigen Vorgang liegt.
Das **Futur II** steht meist im Nebensatz nach den Konjunktionen *quand* („wenn = dann, wenn") und *dès que* („sobald").
Im Hauptsatz steht dann das Futur I.

▶   F/D Im Deutschen steht statt des Futur II meist das Perfekt und statt des Futur I das Präsens.

EG 5   Das Passiv

Das **Passiv** gehört vorwiegend der **Schriftsprache** an (z.B. Zeitungsartikel).

Aktiv: Trois gangsters ont attaqué Marie Gaugant.	*Drei Gangster haben Marie Gaugant überfallen.*
Passiv: Marie Gaugant **a été attaquée par** trois gangsters.	*Marie Gaugant ist von drei Gangstern überfallen worden.*
Aktiv: La police a arrêté les gangsters peu après.	*Die Polizei hat die Gangster kurz darauf festgenommen.*
Passiv: Les gangsters **ont été arrêtés par** la police.	*Die Gangster wurden von der Polizei festgenommen.*

▶ Das Passiv wird mit *être* und dem **participe passé** des Verbs gebildet. Das participe passé richtet sich nach dem Subjekt.

▶ Das direkte Objekt des Aktivsatzes wird zum Subjekt des Passivsatzes. Der Urheber der Handlung (das Subjekt des Aktivsatzes) wird im Passivsatz mit *par* angeschlossen.

In der **gesprochenen Sprache** werden in der Regel andere Wendungen gebraucht.

(1) *on* + Verb

On a beaucoup bu.	*Es wurde viel getrunken.*
On a peu dansé.	*Es wurde wenig getanzt.*
Hier, **on** a ouvert le nouveau musée.	*Gestern wurde das neue Museum eröffnet.*

(2) Reflexive Verbform

Comment ça **s'écrit**?	*Wie wird das geschrieben?*
Comment ça **se prononce**?	*Wie wird das ausgesprochen?*
Ça ne **se dit** pas.	*Das sagt man nicht.*
Ça ne **se fait** pas.	*Das tut man nicht.*

EG 6   Das gérondif

Die Verbform des gérondif gibt es im Deutschen nicht.
Das französische gérondif wird sowohl in der Schriftsprache als auch in der gesprochenen Sprache verwendet.

On ne parle pas **en mangeant**. (1)	*Man spricht nicht beim Essen.*
J'ai perdu trois kilos **en buvant** moins d'alcool. (2)	*Ich habe 3 kg abgenommen, indem ich weniger Alkohol getrunken habe.*
En prenant le bus 15, vous arriverez directement au théâtre. (3)	*Wenn Sie den Bus 15 nehmen, kommen Sie direkt zum Theater.*

► Das gérondif wird wie folgt gebildet:
an den Stamm der 1. Person Plural Präsens wird die Endung *-ant* angehängt und die Präposition *en* vorangestellt:

manger:	nous **mange**ons	→	**en mangeant**
boire:	nous **buv**ons	→	**en buvant**
prendre:	nous **pren**ons	→	**en prenant**

► Das gérondif drückt aus:
  - die **Gleichzeitigkeit** von **zwei** Vorgängen (Satz 1)
    (dt.: *beim, während*),
  - die **Art und Weise**, wie etwas geschieht (Satz 2)
    (dt.: *indem, dadurch dass, durch ...*)
  - eine **Bedingung** (Satz 3)
    (dt.: *wenn*)
    (en prenant le bus 15 = si vous prenez le bus 15)

Übersicht über die wichtigsten unregelmäßigen Verben

avoir *haben*

j'	**ai**	*passé composé:*	j'ai **eu**
tu	**as**	*imparfait:*	j'**avais**
il/elle	**a**	*futur simple:*	j'**aurai**
nous	**avons**	*subjonctif:*	que j'**aie**
vous	**avez**		qu'il/elle ai**t**
ils/elles	**ont**		que nous **ayons**
			qu'ils/elles **aient**

être *sein*

je	**suis**	*passé composé:*	j'ai **été**
tu	**es**	*imparfait:*	j'**étais**
il/elle	**est**	*futur simple:*	je **serai**
nous	**sommes**	*subjonctif:*	que je **sois**
vous	**êtes**		que nous **soyons**
ils/elles	**sont**		qu'ils/elles **soient**

aller *gehen, fahren*

je	**vais**	*passé composé:*	je suis allé/e
tu	**vas**	*imparfait:*	j'**allais**
il/elle	**va**	*futur simple:*	j'**irai**
nous	allons	*subjonctif:*	que j'**aille**
vous	allez		que nous allions
ils/elles	**vont**		qu'ils/elles **aillent**

Präsens	passé composé	futur simple
	imparfait	subjonctif

boire *trinken*

je	**bois**	j'ai **bu**	je boirai
nous	**buvons**		
ils/elles	**boivent**	je buvais	que je boive
			que nous buvions

conduire *fahren, führen*

je	conduis	j'ai **conduit**	je conduirai
nous	**conduisons**		
ils/elles	conduisent	je conduisais	que je conduise

connaître *kennen*

je	**connais**	j'ai **connu**	je connaîtrai
il/elle	connaît		
nous	**connaissons**		
ils/elles	connaissent	je connaissais	que je connaisse

construire *bauen* (*vgl.* **conduire**)

courir *laufen*

je	**cours**	j'ai **couru**	je **courrai**
nous	courons		
ils/elles	courent	je courais	que je coure

croire *glauben*

je	**crois**	j'ai **cru**	je croirai
nous	**croyons**		
ils/elles	**croient**	je croyais	que je croie
			que nous croyions

découvrir *entdecken* (*vgl.* **ouvrir**)

décrire *beschreiben* (*vgl.* **écrire**)

| *Präsens* | *passé composé* | *futur simple* |
| | *imparfait* | *subjonctif* |

devoir *müssen, sollen*

je	**dois**	j'ai **dû**	je devrai
nous	**devons**		
ils/elles	**doivent**	je devais	que je doive
			que nous devions

dire *sagen*

je	**dis**	j'ai **dit**	je dirai
nous	**disons**		
vous	**dites**		
ils/elles	**disent**	je disais	que je dise

disparaître *verschwinden* (*vgl.* **paraître**)

écrire *schreiben*

j'	**écris**	j'ai **écrit**	j'écrirai
nous	**écrivons**		
ils/elles	écrivent	j'écrivais	que j'écrive

envoyer *schicken*

j'	**envoie**	j'ai envoyé	**j'enverrai**
nous	**envoyons**		
ils/elles	**envoient**	j'envoyais	que j'envoie
			que nous envoyions

faire *machen*

je	**fais**	j'ai fait	je **ferai**
nous	**faisons**		
vous	**faites**		
ils/elles	**font**	je faisais	que je **fasse**

falloir *müssen*

| il | **faut** | il a **fallu** | il **faudra** |
| | | il **fallait** | |

107

Präsens	passé composé	futur simple
	imparfait	subjonctif

lire *lesen*

je	**lis**	j'ai **lu**	je lirai
nous	**lisons**		
ils/elles	lisent	je lisais	que je lise

mettre *legen, stellen, setzen*

je	**mets**	j'ai **mis**	je mettrai
il/elle	met		
nous	**mettons**		
ils/elles	**mettent**	je mettais	que je mette

mourir *sterben*

je	**meurs**	je suis **mort/e**	je **mourrai**
nous	**mourons**		
ils/elles	**meurent**	je mourais	que je meure
			que nous mourions

offrir *anbieten, schenken*

j'	**offre**	j'ai **offert**	j'offrirai
nous	offrons		
ils/elles	offrent	j'offrais	que j'offre

ouvrir *öffnen*

j'	**ouvre**	j'ai **ouvert**	j'ouvrirai
nous	ouvrons		
ils/elles	ouvrent	j'ouvrais	que j'ouvre

paraître *scheinen*

je	**parais**	j'ai **paru**	je paraîtrai
il/elle	paraît		
nous	**paraissons**		
ils/elles	paraissent	je paraissais	que je paraisse

Präsens	*passé composé*	*futur simple*
	imparfait	*subjonctif*

plaire *gefallen*

je	**plais**	j'ai **plu**	je plairai
il/elle	plaît		
nous	**plaisons**		
ils/elles	**plaisent**	je plaisais	que je plaise

pleuvoir *regnen*

il	**pleut**	il a **plu**	il **pleuvra**
		il **pleuvait**	qu'il **pleuve**

pouvoir *können*

je	**peux**	j'ai **pu**	je **pourrai**
il/elle	**peut**		
nous	**pouvons**		
ils/elles	**peuvent**	je pouvais	que je **puisse**

prendre *nehmen*

je	**prends**	j'ai **pris**	je prendrai
il/elle	pren**d**		
nous	**prenons**		
ils/elles	**prennent**	je prenais	que je prenne
			que nous prenions

recevoir *erhalten, bekommen*

je	**reçois**	j'ai **reçu**	je **recevrai**
nous	**recevons**		
ils/elles	**reçoivent**	je recevais	que je reçoive
			que nos recevions

rire *lachen*

je	**ris**	j'ai **ri**	je rirai
nous	**rions**		
ils/elles	**rient**	je riais	que je rie
			que nous riions

Präsens	passé composé	futur simple
	imparfait	subjonctif

savoir *wissen*

je	**sais**	j'ai **su**	je **saurai**
nous	**savons**		
ils/elles	**savent**	je savais	que je **sache**

souffrir *leiden (vgl. offrir)*

suivre *folgen*

je	**suis**	j'ai **suivi**	je suivrai
nous	**suivons**		
ils/elles	**suivent**	je suivais	que je suive

tenir *halten*

je	**tiens**	j'ai **tenu**	je **tiendrai**
nous	**tenons**		
ils/elles	**tiennent**	je tenais	que je tienne
			que nous tenions

venir *kommen*

je	**viens**	je suis **venu/e**	je **viendrai**
nous	**venons**		
ils/elles	**viennent**	je venais	que je vienne
			que nous venions

vivre *leben*

je	**vis**	j'ai **vécu**	je vivrai
nous	**vivons**		
ils/elles	**vivent**	je vivais	que je vive

Präsens	*passé composé*	*futur simple*
	imparfait	*subjonctif*

voir *sehen*

je	**vois**	j'ai **vu**	je **verrai**
nous	**voyons**		
ils/elles	**voient**	je voyais	que je voie
			que nous voyions

vouloir *wollen*

je	**veux**	j'ai **voulu**	je **voudrai**
il/elle	**veut**		
nous	**voulons**		
ils/elles	**veulent**	je voulais	que je **veuille**
			que nous voulions

Lösungen zu den Übungen

Übung 1

les photos, les journaux, les prix, les églises, les travaux, les hôtels, les rues, les pays

Übung 2

1. J'écoute souvent de la musique.   2. Je mange une tranche de pain avec du beurre.   3. J'ai soif. Je voudrais une bouteille de bière. 4. Je bois beaucoup de lait.   5. Vous avez écouté la radio?   6. J'ai très peu d'argent.   7. Vous faites du sport? – Je fais du tennis.   8. Vous avez des problèmes?

Übung 3

habiter: j'habite – nous habitons – ils habitent
finir: tu finis – elle finit – vous finissez
sortir: je sors – vous sortez – elles sortent
acheter: j'achète – nous achetons – ils achètent
payer: il paie – vous payez – elles paient
appeler: j'appelle – nous appelons – ils appellent
chosir: tu choisis – vous choisissez – elles choisissent
attendre: j'attends – vous attendez – ils attendent

Übung 4

1. parlez   2. sors   3. partons   4. entends   5. descendez   6. dort
7. paie   8. achète

Übung 5

1. vas – vais   2. faites – fais   3. vous intéressez   4. prends – prends
5. me sens   6. êtes – avez   7. nous levons   8. avez – ai

Übung 6

1. Non, je ne suis pas malade.   2. Non, je n'entends rien.   3. Non, je n'ai pas d'enfants.   4. Non, je n'ai vu personne.   5. Non, je ne suis pas encore allé à Rome.   6. Non, je ne fais pas de sport.   7. Non, je ne peux pas venir demain.

Übung 7

a) 1. Je n'ai pas faim.   2. Je ne me sens pas bien.   3. J'ai la grippe.
   4. Je suis malade.   5. Je ne vais pas au cinéma.
b) 1. Christine est à la maison.   2. Elle ne se sent pas bien.   3. Elle ne mange rien.   4. Elle ne regarde pas la télé.   5. Elle ne fait pas de musique.   6. Elle ne peut pas travailler.   7. Elle n'a pas d'emploi.

Übung 8

1. A quelle heure   2. Quelle heure   3. Quand   4. Où   5. combien
6. Comment   7. Quel âge   8. Quel temps

Übung 9

1. De qui est-ce que   2. Qui   3. Qu'est-ce que   4. Qu'est-ce qui   5. Qui
6. De quoi est-ce que   7. Qui est-ce que   8. Avec qui est-ce que

Übung 10

1. Est-ce que cette place est libre?   2. Où se trouvent les toilettes,
s'il vous plaît?   3. Ça coûte combien?   4. Pourriez-vous répéter,
s'il vous plaît?   5. Où est-ce que je peux garer ma voiture?

Übung 11

1. ai acheté   2. est partie   3. êtes rentré   4. avez regardé
5. t'es blessée   6. avez eu   7. ont fait   8. avez été   9. me suis levée
10. as lu   11. ont dit   12. êtes arrivée

Übung 12

1. sommes partis   2. avons pris   3. a fait   4. Il y avait   5. était
6. ai eu   7. suis tombé   8. était   9. sommes rentrés

Übung 13

1. allez faire   2. vais regarder   3. allons rester   4. va faire
5. vais ... sortir   6. vas partir   7. vont venir   8. va aller   9. allez
travailler   10. vais ... informer

Übung 14

1. ferez   2. viendrez   3. irons   4. pourrez   5. partirons   6. serons
7. irai   8. ferai   9. ira   10. aurai – achèterai

Übung 15

1. Pourriez-vous m'aider?   2. Pourriez-vous me donner votre adresse?
3. Moi, à votre place, je m'achèterais une nouvelle voiture.   4. On
devrait avoir plus d'argent   5. J'aimerais bien partir en vacances.
6. J'aimerais mieux rester à la maison.   7. J'aimerais avoir un
renseignement.   8. Moi, à votre place, je serais bien content/e.

Übung 16

1. Si vous êtes d'accord, je vous appellerai ce soir.   2. Si j'ai le temps,
je viendrai ce soir.   3. S'il pleut, je resterai à la maison.   4. Je passerai
chez vous demain, si c'est possible.

Übung 17

1. Si j'avais plus de temps, je viendrais.   2. S'il était à la maison, je l'appellerais.   3. Si je pouvais, je vous aiderais.   4. S'il venait, nous pourrions aller au restaurant.   5. Si je savais son adresse, je lui écrirais.   6. Si elle avait de l'argent, elle pourrait partir en vacances.

Übung 18

1. Je ne sais pas si Michel est là.   2. Je ne sais pas pourquoi Corinne ne vient pas.   3. Je ne sais pas si elle est déjà partie.   4. Je ne sais pas quel âge elle a.   5. Je ne sais pas ce qu'elle fait à Paris.   6. Je ne sais pas si elle a eu un accident.   7. Je ne sais pas ce qui s'est passé.   8. Je ne sais pas quand elle rentrera.

Übung 19

1. Je croyais qu'il était malade.   2. Je pensais qu'il avait gagné au loto.   3. On m'a dit qu'elle était au chômage.   4. Elle m'a dit qu'elle était à la maison.   5. Je croyais qu'elle viendrait.   6. On m'a dit qu'il irait travailler à l'étranger.

Übung 20

1. J'ai une voiture française.   2. La voiture est déjà vieille, mais elle est très belle.   3. Nous habitons dans un vieil immeuble.   4. Notre appartement est au premier étage.   5. Nous sommes actifs tous les deux.   6. Je travaille dans une profession dangereuse.   7. Notre situation financière n'est pas bonne.   8. La semaine dernière, mon mari a perdu son emploi.   9. J'espère que la situation économique s'améliorera l'année prochaine.   10. Il y a beaucoup de problèmes sociaux.

Übung 21

1. la plus belle ville   2. les musées les plus intéressants   3. bien meilleure que   4. des restaurants les plus connus   5. est moins bon que

Übung 22

1. Les gens deviennent de plus en plus âgés.   2. Le niveau de formation devient de plus en plus mauvais.   3. La circulation devient de plus en plus intense.   4. Les portables deviennent de plus en plus petits.

Übung 23

1. complètement   2. pratiquement   3. mal   4. rapidement   5. mauvaises   6. bien   7. énorme   8. facilement   9. régulièrement   10. énormément   11. vraiment – bonne – vrai   12. rapide – pratique

Übung 24

1. Je travaille beaucoup.   2. J'ai très soif.   3. Ça m'a beaucoup plu.
4. Je mange très peu.   5. Elle travaille beaucoup trop.   6. Elle est très intelligente.   7. Elle parle très bien français.   8. Je bois beaucoup trop peu.   9. Il boit beaucoup trop.   10. Ce n'est pas bien.

Übung 25

1. plus que   2. mieux – que   3. beaucoup moins que   4. autant – que
5. le mieux   6. de plus en plus   7. le plus vite possible
8. plus cher que

Übung 26

1. ses   2. son   3. son   4. leur   5. sa   6. ses   7. son   8. sa   9. son
10. leurs

Übung 27

1. Ces   2. Cette   3. Cet   4. ce   5. ces

Übung 28

1. quelle   2. quel   3. Quels   4. Quel   5. quelles

Übung 29

1. m'   2. vous   3. la   4. vous   5. me   6. le   7. lui   8. nous

Übung 30

1. m'   2. te   3. leur   4. les

Übung 31

1. me sens   2. m'intéresse   3. vous sentez   4. m'habituer
5. nous ... amusés   6. vous levez

Übung 32

1. Je n'en ai plus.   2. Vous en prenez encore?   3. J'y réfléchirai.
4. Vous en avez ... besoin?   5. Vous y avez pensé?

Übung 33

1. M. Bobet, c'est vous?   2. Il habite chez moi.   3. Je ne travaille pas avec lui.   4. Je pars en vacances avec eux.

Übung 34

1. que   2. qui   3. dont   4. où   5. que   6. où   7. qui   8. dont

Übung 35

1. en   2. au   3. chez   4. à   5. dans   6. en

Übung 36

1. dans une heure   2. à ... au ... de mars   3. en septembre   4. pendant les vacances   5. à 19 heures   6. en un mois   7. il y a trois jours
8. après mon retour   9. avant six heures   10. il y a une heure

Übung 37

1. quand il fait beau   2. si j'ai le temps   3. quand je suis rentré/e
4. chaque fois que le téléphone sonne   5. pendant que je travaillais
6. au moment où j'ai ouvert la porte

Übung 38

1. Il est huit heures dix.   2. Il est dix heues et quart.   3. Il est midi moins le quart.   4. Il est cinq heures moins dix.   5. Il est six heures et quart.   6. Il est onze heures moins vingt-cinq.

Übung 39

1. soit   2. puisse   3. prenne   4. fasse   5. disiez   6. ait fait   7. soyez venu/e   8. veniez

Übung 40

1. fasse   2. est   3. finisse ... soit   4. ait   5. a fait   6. soit ... venue
7. veniez   8. ai

Register

In der Buchreihe *smf* sind außerdem folgende Titel
erschienen:

Richtig Französisch sprechen

- Formulierungshilfen für die wichtigsten
  Konstellationen von Gesprächen
- Ausdrücke und Wendungen für alle wesentlichen
  Redeabsichten
- Sprachbausteine für die gängigen
  Gesprächssituationen
- Vorbereitung auf alle wesentlichen Situationen
  beim Telefonieren
- Zahlreiche private sowie geschäftliche
  Mustertelefonate

Wortschatz für gutes Französisch

- Grundlegender aktueller Wortschatz von 2.000 Wörtern
- Besonders geeignet für Selbstlerner und VHS-Kursteilnehmer
- Wörter, Ausdrücke und Wendungen in kurzen, leicht anwendbaren Sätzen
- Führt zu einer mühelosen und spontanen Sprachverwendung
- Alle wichtigen Themen des aktuellen Lebens und Zeitgeschehens